청춘,

제주 올레길을 걸어라

‖ 느림의 美學, 제주 올레길 26코스 425km 걷기 여행 ‖

청춘,
제주 올레길을 걸어라

글/사진 **이장화**

아내와 함께
산티아고 순례길 800km, 안나푸르나 베이스캠프 트레킹을 다녀온 후
제주 올레길 걷기를 완주한 여행 기록

좋은땅

느림의 미학, 제주 올레를 걸으며

지난 몇 년 동안 며칠씩 10여 차례 시간을 내서 '제주 올레길'을 걸었다.
올레 덕분에 제주 구석구석을 돌아다니며
제주의 아름다움을 알게 되었고
제주도민의 억척스런 삶을 들여다보게 되었다.

'올레'란 자기 집 마당에서 마을 어귀까지 이르는 골목길을 말한다.
놀면서 쉬면서 천천히 걷는 길이다.
2007년 9월 제주도 동쪽 시흥 초등학교에서 출발하는 제1코스를 시
작으로 현재는 26개 코스, 425㎞의 올레길이 있다.

숨은 길을 찾아냈고,
끊어진 길을 이어 냈으며,
사라진 길을 되살렸고,

없던 길을 새로 낸 것이 올레길이다.

쉽게 말하면 '올레'는 제주 한 바퀴를 걸어서 여행하는 일이다.
차로 1시간 이내 갈 거리를 하루 종일 걷는다.
천천히 걷기 때문에 느리고 더디다.
하지만 올레에는 아름다운 풍경이 있고, 넘실대는 생명이 있다.
한 코스 한 코스를 마칠 때마다 가슴 벅찬 감동을 느낀다.

다른 길에서는 빠름이 승리인 것처럼 여기겠지만
올레에서는 느림이 우선이다.
느림이 삶의 진심임을 진정 온몸으로 안다.

삶은 본래 느리게 살아야 제대로 사는 삶이다.
느려야 아름다움을 본다.
그 느림 속에서 삶은 멋지게 숙성된다.
'느림의 미학'을 깨닫게 해 주는 것.
이것이 제주 올레길을 걸어야 할 진짜 이유다.

사람들은 일반적으로 빠름이 더 많은 것을 이룰 것처럼 착각한다.
반면 느림은 많은 것을 놓칠 것이라고 염려한다.
그렇지 않다. 내려놓는다는 것, 즉 느리다는 것이 더 많이 얻을 수 있다.
욕심 많은 사람에게 느림은 만들어지지 않는다.
내려놓을 때만 우리는 느려질 수 있다.

청춘, 제주 올레길을 걸어라

그 느려진 사람이 올레길을 완성 짓는다.

삶을 살아가는 데 있어서
빨리 가려고만 하는 사람은 진척이 없고 마음만 바쁘다.
삶을 제대로 느끼며 살지 못한다.
그들은 모른다.
세상에 느림이라는 아주 멋진 길이 있다는 것을.

느리고 굴곡진 삶의 올레길을 걸을 때
바람과 파도는 내게 말한다.

조급해하지 말라.
포기하지 말라.
비록 느리고 더딜지라도
자기만의 인생길을 걷는 것이라고.

2022년 5월
연희팰리스에서

목차

기타 트레킹 명소

1코스

올레길 걸으며 가을을 만끽

시흥 초등학교 → 말미오름 → 알오름 → 종달리 마을 → 목화 휴게소→ 오소포
연대 → 갑문교 → 성산포항 → 수마포 → 광치기 해변(15km, 5시간)

가을이 절정이다.

뜨거운 태양의 열기가 그득하던 자리엔 기분 좋은 그늘이 펼쳐지고,
쨍쨍하던 하늘은 높고 청명하다.

올 여름 유난히 뜨거웠던 날씨에 대한 보답일까. 이번 가을이 보여 주
는 풍광은 선물 같기만 하다.

아침저녁 나절 서늘함이 한참 가을이 깊었음을 일깨워 준다.

이 계절이 다 가기 전 아름다운 제주의 정취를 가슴에 담아 두기 위해
제주를 찾았다.

일 년에 몇 번이고 찾는 친숙한 제주이지만 매번 올 때마다 제주는 새로움을 보여 준다. 아니 새로운 것을 보고 싶어 하는 내 마음일 것이다.

계절마다 보여 주는 제주의 아름다운 풍경 많은 사람들의 발길을 끌어들인다.

그중 제주의 가을은 그 어느 때보다 가장 빛나는 계절이다.

바람에 넘실대는 은빛 억새풀 춤사위, 돌담을 따라 걷다 보면 살며시 얼굴 내미는 황금빛 감귤, 푸른 바다를 거슬러 부는 시원한 바람에 발걸음이 한결 가벼워진다.

성산포 일출봉 전경

여행은 언제 떠나도 좋은 삶의 쉼표이다. 그래서 이번 여행은 제주를 오롯이 즐기기 위해 산행보다는 천천히 걷는 올레길을 다니려고 한다.

걷는 속도에 따라 보는 것이 다를 것이고 기억되는 모습도 다를 것이다.

그래서 먼저 올레길 1코스를 시작으로 많은 일정이 걸리더라도 전체 올레길을 걷는 것으로 계획을 정했다.

어느 철학자는 "목적지에 닿아야 행복해지는 것이 아니라 여행하는 과정에서 행복을 느낀다"고 말했다. 올레길을 걷다 보면 다소 힘들고 어려운 과정들이 있겠지만 천천히 걸으면서 소소한 행복을 즐겨야겠다.

올레는 제주 방언으로 '집 대문에서 마을길까지 이어지는 아주 좁은 골목'을 의미한다. 그 의미를 담아 붙인 제주 올레는 골목길, 산길, 해안길, 오름 등을 연결해 섬 전체를 한 바퀴 돌 수 있도록 설계되어 있다.

제주 올레길의 지선을 제외한 기본 코스는 21개이고 지선을 포함한 전체 코스는 26개 코스다. 그 길이는 제주 해안선 둘레길이인 253㎞를 넘어, 섬과 지선 올레길을 포함해서 총 425㎞나 된다.

2007년 9월 제주 동쪽 끝 성산일출봉을 지나는 1코스가 오픈 된 뒤 5년 정도 걸려서 모든 코스가 순차적으로 완성되었다.

어느 코스 할 것 없이 뛰어난 아름다움을 자랑하지만 먼저 우도와 성산일출봉을 바라보며 걷는 1코스 해녀의 길부터 시작했다.

그동안 제주에 와서는 올레길 중에서 제법 아름답다는 7~10코스까지는 걸었다. 그런데 올레길의 시작점인 1코스를 아직 걷지 못했다는 것이 늘 마음에 걸렸다. 그래서 이번에 올레길의 여러 코스 중 먼저 1코스를 걷기로 결정한 건 자연스러운 일이었다.

올레 1코스는 시흥 초등학교에서 시작한다.

학교에서 시작해 가볍게 10여 분을 걷다 보면 올레 안내소에 도착한다. 안내소에서 올레 패스를 구입해서, 올레길 도전의 시작점인 1코스 첫 스탬프를 찍었다.

출발점 바로 우측에 말미오름으로 올라가는 입구가 있다. 말미오름 앞은 싱싱한 먹거리인 배추, 무 등 녹색 물결로 일렁였다. 검은빛 돌담에 둘러싸인 당근밭은 바다에서 불어오는 갯바람을 받아 더욱 완연한 연녹색 빛을 띤다.

말미오름은 해발 146m인 기생 화산이다.

날씨가 무더운 한여름의 땡볕만 아니라면 어렵지 않게 오를 수 있다. 10여 분 땀을 흘리며 오르다 보면 정상이다. 바다에서 시원한 바람이 불어와 땀을 식힌다.

말미오름 정상에서 보는 시흥리의 들판과 성산일출봉, 우도, 제주의 바다는 그야말로 절경 더하기 절경이다.

밭마다 보여지는 색이 다르다. 이처럼 다양한 모습을 가진 시흥리의 들판은 제주 올레 기념품인 당근밭 스카프의 디자인 모티브가 되기도 했다.

말미오름 능선에서

오름 능선을 따라 이어진 목책을 따라 걷는다. 말미오름에서 내려와 걷다 보면 있는 파란색 동장문을 통해 알오름에 오른다. 알오름은 완만한 언덕에 잔디가 가득 덮인 오름이다. 올레꾼들은 흙이 드러나 이미 만들어진 길만을 걸어가도록 주의해야 한다. 우리들의 발자국으로 인해 샛길이 더 생겨나지 않도록 조심하는 것도 올레길을 걷는 에티켓이다.

알오름 정상에서 조각보처럼 펼쳐진 성산포의 밭들과 성산일출봉, 한라산, 다랑쉬오름 등의 멋진 경관을 즐긴다.

알오름을 내려오면 포장된 종달리 마을길로 이어진다. 종달리는 1900년대 초까지만 해도 소금밭이 유명했다. 그러나 처음부터 소금이 많이 나던 고장은 아니었다. 원시적인 방법으로 갯바위에서 조금씩 소금을 채취했었다. 조선시대 선조대에 이르러 목사 강 여가 마을 유지들로 하여금 육지로 나가 제염술을 배워 오도록 하면서 소금밭이 만들어졌다. 그 후로는 연간 약 53톤에 달하는 소금을 생산했다고 한다.

종달리 해안 도로

그러나 광복 후 간척 사업이 전개되면서 소금밭은 농지로 바뀌었고 생산되는 쌀이 남아돌자 자연스레 휴농지로 변했다. 지금은 갈대만 무성한 들판이다.

시흥리는 서귀포시의 동쪽 첫 마을이고 이웃한 종달리는 제주시에 속하는 마지막 마을이다. 종달리 마을길을 지나 일주 도로 교차로를 건너고, 종달 초등학교와 종달리 옛 소금밭을 지나면 억새가 가득한 해안 도로를 만난다. 여기서부터 바다를 보며 걷는 진정한 바당올레라고 할 수 있다.

바다 풍광을 즐기며 걷다 보면 어느새 목화 휴게소에 도착한다. 바로 옆 컨테이너 카페에서는 귤 10개 정도 들어간 한 봉지를 천 원에 팔고 있었다. 돈을 받고 귤을 판다기보다는 우리가 미안해할까 봐 천 원을 받는 것이라는 생각이 들었다. 해안 도로 철제 난간에는 오징어를 널어 말리고 있었고, 그 앞 카페에서는 마른오징어를 한 마리당 5천 원에 팔았다. 오징어를 씹으면서 길을 걷는 것은 무료함을 덜고 재미를 더한다.

계속 도로를 따라 걷다 보니 출출함을 느꼈다. 주변 해물 칼국수를 파는 식당에 들어갔는데 의외로 사람들이 많았다. 겨우 자리를 잡고 해물 칼국수 2인분을 시켰는데 4명이 먹어도 남을 정도로 양이 많았다. 배가 고픈 상태라서 칼국수를 진짜 맛있게 먹었다.

일출봉을 목표로 걸어가면 성산 갑문 다리를 건너가게 되고, 성산일출봉까지 목재 울타리로 둘러싸인 오름 산책로가 이어진다. 바다 위에 떠 있는 성산일출봉의 벽을 따라 널따란 풀밭이 녹색 양탄자처럼 펼쳐져 있다.

성산일출봉은 제주 동쪽 끝자락에 위치한 오름이다. 10만 년 전 수중 폭발로 생긴 화산섬이었으나 모래와 자갈이 쌓여 제주도와 연결되었다. 또한 3번의 화산 폭발로 만들어졌기 때문에 3면이 깎아지른 절벽으로 이루어져 있다. 정상의 거대한 분화구 위에 99개의 바위 봉우리가 둘러 서 있는 모습이 마치 성(城)처럼 보여 '성산'이란 이름이 붙었고, 또 제주 동쪽에 위치해 일출을 볼 수 있는 명소가 되었다. 매년 새해마다 성산일출봉 위로 떠오르는 해를 보기 위해서 많은 사람들이 찾는다.

성산포하면 「그리운 바다 성산포」의 이생진 시인이 떠오른다. 시인은 제주 거주자가 아니나 제주도를 200번 이상이나 다녀갔다고 한다. 이십 대 때 모슬포에서 훈련병으로 군 복무를 한 그는 군용 트럭을 타고 가다 난생 처음으로 커다란 바위산을 보고 놀랐다고 한다. 그 바위산이 바로 성산일출봉이다. 제주 명예 도민이신 이생진 시인은 해마

그리운 바다 성산포 이생진 시비

다 제주 성산일출봉에 올라 제주도민들과 함께 새해맞이 시 낭송을 하시고 4월에는 4·3사건 희생자의 혼령을 위한 위혼제를 다랑쉬오름에서 올리신다.

성산포에서는

이생진

성산포에서는
교장도 바다를 보고

청춘, 제주 올레길을 걸어라

지서장도 바다를 본다
부엌으로 들어온 바다가
아내랑 나갔는데
냉큼 돌아오지 않는다
다락문을 열고 먹을 것을
찾다가도
손이 풍덩 바다에 빠진다

성산포에서는
한 마리의 소도 빼놓지 않고
바다를 본다
한 마리의 들쥐가
구멍을 빠져나와 다시
구멍으로 들어가기 전에
잠깐 바다를 본다
평생 보고만 사는 내 주제를

성산포에서는
바다가 나를 더 많이 본다

　다시 바다를 향해 걸었다. 바닷가에는 여행객들이 멋진 포즈를 취하
며 사진을 찍고 있다. 저 멀리 바다 쪽으로 이마의 혹처럼 튀어나온 섭
지코지가 보였다.

수마포 해변을 걷다 보면 눈앞에 보이던 성산일출봉이 옆으로 물러나 앉는다. 모래밭과 성산일출봉 사이에는 허리 잘록한 바다가 들어와 있다.

수마포는 조선시대 제주에서 기른 말을 육지로 실어 낼 때 말들을 모아서 내보냈던 포구다. 성산일출봉 아래 쪽에는 아직도 남아 있는 제2차 세계 대전 말기 일본군이 파 놓은 23개의 동굴 진지가 있다. 짙푸른 바닷물은 과거의 아픈 역사를 대변하는 듯 슬픈 소리를 내며 찰랑거린다.

성산일출봉에서 나오면 수마포에서 광치기 해변까지 모래사장 옆으로 산책로가 나란히 이어진다. 지나온 길을 되돌아보면 성산일출봉의 반대쪽을 볼 수 있다.

성산일출봉에서 섭지코지에 이르는 약 5㎞의 긴 해안 모래밭을 '앞바르'라고 부른다. 광치기 해변에 들어서는 입구에 '앞바르 터진목'이라 부르는 곳을 거쳐 간다. '앞바르'는 앞바다, 가까운 바다를 뜻하고, '터진목'은 트인 길목이라는 뜻의 제주어다.

사실 이곳 터진목에는 슬픈 역사가 존재한다. 바로 '제주 4·3항쟁' 당시 제주 성산읍 일대 주민들이 바로 이곳에 끌려와 집단 학살을 당한 곳이다. 그렇기 때문에 이곳에서는 제주 4·3항쟁 희생자인 성산읍 유족회에서 쓴 추모 시비를 볼 수 있다.

누가 알까
그때 총과 칼 그리고 죽창에
찔리고 찢기고 밟혀 죽임을 당한,
그걸 목격한

청춘, 제주 올레길을 걸어라

저 앞바다의 통곡을,

구천을 맴도는

한 맺힌 영혼의 절규를,

그 아픈 역사의 파편들을.

말 없는 현장의 돌담 벽에

붉은 동백꽃잎으로나 새겨 둘까

하얀 국화 잎 한 잎, 한 잎 떼어

해해 연연 조각난 세월로 붙여 둘까

올레길 1코스의 끝나는 지점인 광치기 해변에 도착했다. 성산일출봉을 껴안은 바다 물빛이 햇빛에 반사되어 눈부시게 아름다웠다. 바다 물빛은 환상적인데 광치기라는 이름이 투박하게 느껴진다.

광치기는 관치기라는 말에서 유래했다. 인근 어부들이 뗏목인 테우를 타고 고기잡이를 나갔다가 난파를 당하면 시체들이 조류를 타고 이곳 해변으로 둥둥 떠내려왔다. 그러면 마을 사람들이 쓸려 온 주검을 그냥 바라만 볼 수 없어 관을 가지고 와서 수습해 주었다고 한다. 이런 연유로 '관치기 해변'이라고 불렸다. 이런

광치기 해변

슬픈 유래 때문인지 마을 사람들은 "햇빛이 아름답게 비춘다"고 해서 광치기라는 이름이 생겼다고 여긴다.

　가을 햇빛을 받아 더욱 푸른 빛을 발하는 광치기 해변의 긴 해안은 검은 모래와 흰 모래가 섞여 있어 바다 물결에 따라 만들어지는 독특한 색과 무늬를 볼 수 있다. 이름처럼 아름다운 올레길 1코스는 광치기 해변에서 끝난다. (2018. 11. 4)

광치기 해변 걸으며

하늘 맑고 청명한 어느 가을 날
멀리 우도 성산일출봉이
그림처럼 보이고
바람에 흔들리는 억새꽃 무리
수줍은 자태
참 아름다운 계절이다

가을빛 완연한 십일월
멋진 풍광
광치기 해변 걸으며
지나온 길 되돌아보기도 하고
살아갈 날들에 대해
잠시 고민한다

사람 손길 닿은
편안한 길 걷다 보면
순조로웠던
지나간 일들이 생각나고
거친 너덜길 걸을 땐
아팠던 기억 새삼 떠오른다

골목길 지나고
해변 걷다가
초록색 밭길 지나
오름 올라 바다 바라보니
멋진 일출봉이
마음 설레게 한다

걷다 쉬다, 다시 걷다가
더워지면 슬몃
겉옷 벗어 허리춤 두르고
마음 열어젖힌 채
해변에 서서
바다의 맨 얼굴을 만난다

1-1코스

제주 안의 제주, 산호의 섬 우도

선박 이동 : 성산포항 ↔ 우도 천진항

천진항 선착장 → 우도봉 → 검멀레 해변 → 비양도 → 하수고동 해수욕장 → 파평 윤 씨 공원 → 하우목동항 → 홍조단괴 해변 → 천진항 선착장(15.5㎞, 5시간)

바람은

여인들의 무덤이다

우도에서는

남정네는 살아 이어도로 가고

여인네는 죽어 바람 속에 묻힌다

고무 옷 입고 물에 드는데도
살보다 먼저 뼈가 젖는 것은
우도 여인들의 가슴에
늘 바다가 출렁이기 때문이다

우도 해변길에 있는 時에서 옮김

우리나라 사람 중 많은 이들이 국내 여행지로 제주도를 최고로 꼽는다. 하지만 쉽게 마음을 결정하지 못하는 것은 시간과 경비가 만만치 않기 때문이다. 그러나 일단 제주도에 가면 보고 먹고 즐길 거리가 풍성하다.

오염되지 않는 깨끗한 바다와 해변, 해안가의 기암절벽, 오름과 곶자왈(숲)이 한데 어우러진 풍경은 대부분의 여행자들에게 오기를 잘했다는 만족감을 준다.

이런 제주도에서도 가장 제주다운 모습을 많이 지니고 있어 인기가 있는 곳은 8개의 유인도에 속하는 우도다. 우도는 제주도의 또 다른 속살이라고 불릴 만큼 제주도를 가장 많이 닮았다.

우도는 성산일출봉 남쪽 바다 앞에 떠 있는 섬이다. 성산포에서 3.8㎞, 여객선으로 15분이면 닿는 거리에 있다. 성산일출봉에 갔다가 찾게 되는 곳이 우도다.

면적 6.18㎢, 해안선 길이 17㎞로 제주도의 63개 부속 도서 가운데 가장 큰 섬이다. 우도의 경지 면적은 전체 면적의 약 71%로 마늘, 땅콩 등을 재배하고 있다.

우도는 소가 머리를 내민 모양(牛頭形) 또는 누워 있는 모양(臥牛形)이라 해서 '소섬' 즉 우도로 명명된 곳이다. 1900년에는 향교 훈장 오유학이 '물에 뜬 두둑'이라는 뜻의 '연평도'로 개명하여 현재까지 연평리로 불리고 있다.

남쪽 해안과 북동쪽 탁진포를 제외한 모든 해안에는 해식애가 발달했다. 한라산의 기생 화산인 쇠머리오름이 있을 뿐 섬 전체가 하나의 용암 대지이며, 고도 30m 이내의 넓고 비옥한 평지이다. 주요 농산물은 고구마·보리·마늘 등이며, 가축 사육도 활발하다. 부근 해역에서는 고등어·갈치·전복 등이 많이 잡힌다.

우도의 평원에는 거센 바람이 불고 유채꽃이 여기저기 널려 있다. 새까만 돌담으로 쌓은 울타리 안(內)의 밭에는 파란 보리와 마늘이 빽빽하게 들어차 있다. 우도에는 예전의 제주 모습이 그대로 살아 있다.

해녀들이 물질을 하고 나서 옷을 갈아입고 몸을 녹이려고 쌓아 놓은 불담, 밭과 밭을 서로 가른 돌담들, 묘소 주변에는 말이나 소가 들어가지 못하게 만들어 놓은 산담, 동네 초가집들을 둘러싼 울담, 밧줄로 얽혀서 기하학적으로 쌓은 돌담도 볼거리이다.

우도 올레길을 걷기 위해 성산포항에 갔다. 배는 성산포항에서는 매

청춘, 제주 올레길을 걸어라

시 30분에 출발한다. 우리는 설레는 마음을 진정시키며 9시 30분 우도 행 선박(우도랜드 2호)을 탔다.

성산포항 우도행 선박 우드랜드 2호

갑판 위에 서서 새하얀 포말로 부서지는 파도를 바라본다. 시원한 바다 바람을 맞으며 서 있길 15분이 지나자 우도 천진항에 도착했다. 선박에서 순서를 지켜 내리니 '섬 속의 섬 우도'라는 아치형 관문이 우리를 반겨 준다.

섬 속의 섬, 우도 선착장

선착장 바로 앞에 올레길 인증 장소인 간세와 스템프가 있다. 제주 올레길 1-1코스 인증 스템프를 찍고 올레 리본(파란색)을 따라 바로 우측 길로 걷는다.

'찬란한 해돋이와 함께 떠나는 시간 여행'이라는 해안누리길을 따라 조금 걸으니 주황색(역방향) 화살표가 나온다. 눈에 보이는 우도봉에 먼저 올라가다 보니 올레길 역방향으로 걷게 되었다.

성산포 동쪽 해안인 종달리에서 바라본 우도의 모습을 전포망도(前浦望

島)라고 하며 우도 제5경이라고 한다. 동쪽으로 솟은 우도봉의 서쪽 기슭을 따라 평평하게 섬의 중앙부가 이어지다가 바다로 잠기는 풍경을 볼 수 있다. 파란 하늘 아래 소가 흡사 물 위에 누워 있는 형상이 장관이다.

올레 쉼터를 지나 우도봉을 향해 오르기 시작했다. 우도봉은 소가 머리를 들고 누워 있는 형태다. 그래서 쇠머리라고도 한다. 한자어로는 우두악(牛頭岳)이다. 넓은 숲속의 도로를 따라 오르면 IRON House와 올레 쉼터를 지나 해변을 끼고 있는 넓은 우도봉 초원에 있는 승마장을 지난다.

올레길은 완만한 오름길이다. 항로 표지의 기능과 역할을 체험해 볼 수 있는 체험관과 세계 각국의 아름다운 등대 모형을 전시하는 우도 등대 공원을 지나간다.

우도봉에는 등대와 등대 박물관이 있고 구(舊) 등대와 함께 신(新) 등대 2개가 있으며 그 주변에는 공원을 만들어 놓았다. 우도 등대는 제주도 남쪽 해상을 지나가는 배들의 길잡이 노릇을 하는 곳이다. 현대식 등대는 본연의 업무인 바다를 비추는 일을 하고, 옛 등대는 퇴임한 선장처럼 뒤로 물러나 추억을 회상하고 있는 듯 보였다.

우도봉 등대

우도봉에서 검멀레 해변을 배경으로

우도봉 뒷편의 절벽은 높이 20여 미터, 너비 30여 미터의 후해석벽(後海石壁)이라고 부르는 우도 제6경이다. 돌의 조각을 차곡차곡 쌓아 올린 듯 가지런하게 단층을 이루고 있는 석벽이 직각으로 낭떠러지를 이루고 있으며, 오랜 세월 풍파에 침식되어 단층의 사이마다 깊은 주름살이 패어 있다.

우도봉에서 검멀레 해변의 절경을 내려다보면서 하늘을 향해 걷다가 해변으로 내려간다. 검멀레 해수욕장을 가로질러 우도봉 아래 해안 절벽에 '고래 콧구멍'이라 부르는 커다란 동굴이 하나 보인다. 옛날에 커다란 고래가 살았다는 전설 때문에 고래 경(鯨) 자가 붙어 동쪽 해안의 동굴, 동안경굴(東岸鯨窟)이라 부른다. 자연의 신비함을 간직한 동안경굴은 우도 제7경이다. 이 절경은 보트를 타고 봐야 하는데 우리는 올레길을 걷기 때문에 그냥 지나갔다. 여기서 5분 정도 도로를 따라 걸어가면 비양도로 가는 갈림길이 나온다. 이곳 비양도는 한림항에서 가는 비양도와는 다르다.

오늘도 어제와 마찬가지로 강한 바람이 계속 불었다. 바람 때문에 걷는 게 힘들었지만 우도 올레길은 배 시간이 넉넉해 시간적으로 여유가 있는 코스다. 그래서 멋진 포토존이 있는 카페에 들어가서 와플 세트와 아메리카노를 마시며 휴식을 취했다. 바다 전망과 가성비가 아주 좋은 'Cafe in UDO' 카페였다.

우도 안에 있는 작은 섬, 비양도 입구

우도의 비양도는 제주도의 가장 큰 섬인 우도면의 동쪽에 있는 작은 섬이다. 해안을 막아 120미터 다리를 만들어 우도와 연결한 섬이다. 비양도라는 이름은 '섬에서 해가 뜨는 광경을 보면 수평선 속에서 해가 날아오르는 것 같다'고 해서 붙여진 이름이다.

비양도에도 봉수대가 있다. 봉수대 바로 옆에는 아름다운 등대와 건강과 기쁨을 안겨 준다는 소원 성취돌 의자가 놓여 있다. 바다를 배경으로 예쁜 추억의 사진을 찍을 수 있는 포토존이다.

비양도에서 800미터 해안길을 걸어가면 중간 스템프 지점인 '하수고 동 해수욕장'이다. 해수욕장은 현무암 바위 지대, 넓은 모래사장, 파란 바다와 하늘이 조화롭게 경계를 이루며 서 있는 해녀상을 볼 수 있다.

이곳이 해수욕장이라서 주변에는 카페가 많다. 여기서 보말 칼국수와 우도 땅콩 막걸리를 한 잔씩 마시며 우도의 정서를 느껴 본다.

우도는 땅콩으로 유명하다. 우도 땅콩은 4월에 파종해 10월에 수확하는데 일반 땅콩보다 크기도 작고 모양도 둥글둥글하다. 손바닥으로 비벼 껍질을 까서 먹을 필요도 없다. 그냥 껍질째 먹는 것이 더 맛있다.

올레길은 해변을 걷다가 보리밭 사이의 돌담길을 걷게 된다. 푸른 하늘과 연둣빛 보리밭길을 걸으니 마치 작년에 걸었던 스페인의 산티아고 순례길이 생각났다.

해변길을 따라 걸으면 하우목동항에 도착한다. 이곳에 올레길 중간 스템프가 있는데 모르고 1㎞를 지나갔다. 올레길을 같이 걷던 일행들을 카페에서 아이스 음료를 마시며 쉬고 있으라고 했다. 나만 다시 1㎞를 돌아가 하우목동항에서 인증 스템프를 찍고 카페로 돌아왔다. 왕복 2㎞를 뛰어갔다 오니 다리가 풀리고 쓰러질 듯 숨이 가빴다.

우도 여행의 하이라이트인 제8경 서빈백사(西濱白沙)는 우도의 서쪽 바닷가에 펼쳐진 홍조단괴해빈(紅藻團塊海濱) 해수욕장을 말한다. 우도에서 가장 유명한 관광지이며 다른 이름으로 산호 해수욕장이라 부른다. 이곳은 하우목동항에서 약 1㎞를 걸으면 만날 수 있다.

일반적으로 해변에서 수영을 하고 물 밖으로 걸어 나오다 보면 모래가 발목까지 묻기 마련이다. 그것을 다 떼어 내려면 성가시기 그지없다. 그런데 이곳에서는 신기하게도 손으로 툭툭 털면 모래가 깨끗이 떨어진다.

해변에는 예쁜 모양의 조개껍데기가 많이 있는데 이것들을 홍조단괴라고 한다. 홍조단괴는 물속에서 광합성 작

해변 올레길 소라 모형

용을 하며 서식하던 김, 우뭇가사리, 카라기닌 등 홍조류가 굳어 침전된 것을 말한다. 태풍이 불면 이 홍조류의 침전물들이 바닷가로 밀려와 퇴적물 지층인 해빈을 이룬다.

우도에서 성산포를 바라보며 걷는 해변 올레길은 절경이다. 바다를 바라보는 카페의 분위기가 좋다. 해변가 소라 조형물에서 노랫소리가 들리는 듯 소라 모형도 분위기를 더해 준다. 이렇게 해안 풍경에 동화되어 천천히 걷다 보니 멀리 빨간 등대가 보였던 천진항에 도착했다.

우도 올레길 걷기를 마치고 제주 본섬으로 다시 돌아가야 한다. 배는

천진항을 떠나 성산포항을 향한다. 푸른 파도가 넘실거리고 흔들리는 배의 율동에 따라 몸도 마음도 같이 흔들거린다. 기분 좋은 여행을 마치고 나니 춤이 저절로 춰지는 듯했다. 갈매기들이 우리가 탄 배를 따라오며 아쉬운 듯 날갯짓하며 배웅한다. (2020. 4. 13)

늘 그렇듯이 그렇게 걷는다

늘 그렇듯이
그래 왔던 것처럼 그렇게 걷는다

파도는 흰 거품 일으키며
나에게 달려들고

모든 걸 불사를 듯 얼굴 태우는
따사로운 햇살

추운 듯 움추린 발걸음은
바람 한 품에 무뎌진다

느슨한 시간표 따라 짜인 일정
여유로운 발걸음

헐렁해진 생각으로

잠시 폼 잡고 쉬다 보면

바람이 얼굴을 때려, 일어나라
발걸음 재촉한다

2코스

파도 소리 들으며 나를 찾아서

광치기 해변 → 전망대 → 석산봉 → 고성 윗마을 갈림길 → 성산포 교회 → 홈마트 성산 → 대수산봉 → 혼인지 → 해안 도로 → 온평 포구(15㎞, 5시간)

가을이면
제주 오름에는 하얗게 핀 억새풀이 가득하다.

바람 불어 흔들리는 억새풀은
여유로운 자태로 맘껏 가을을 즐긴다.

어느 날 문득 나는 제대로 잘 살고 있는 것일까? 무엇을 위해 이토록 바쁘게 사는 것일까? 자문하며 황폐해진 자신의 내면을 돌아보았다. 그래서 올레길 걸으며 꽃향기를 맡을 수 있고, 철썩이는 파도 소리 들으며 푸른 바다를 볼 수 있는 제주도를 찾았다.

제주 올레길 2코스는 캐나다 브루스 트레일과 우정의 길이다. 브루스 트레일은 캐나다에서 가장 오래된 길이다. 메인 트레일 길이는 850㎞가 넘으며 250㎞의 사이드 트레일로 이루어졌다.

2코스는 광치기 해변에서 출발하여 고성, 대수산봉, 혼인지를 지나 온평리 바닷가까지 이어지는 올레길이다. 내수면 둑방길부터 오조리 사무소까지의 일부 구간은 '성산 오조 지질 트레일'과 함께 한다.

2코스를 시작할 때에는 1코스에서 오던 방향으로 조금 가다가 왼쪽의 갈대 숲길로 들어가야 한다. 약간 헷갈릴 수 있는 길이다. 주황색, 파랑색으로 묶여진 리본을 잘 보고 가야 한다. 참고로 이 리본의 주황색은 감귤을 상징하는 색이고, 파랑색은 푸른 바다를 상징한다. 색으로 제주의 정서를 잘 나타내는 아이디어가 참신하다.

내수면은 면적이 광활하다. 물빛 고운 바닷길부터 잔잔한 내수면 저수지를 끼고 이어지는 둑방길, 호젓한 산길까지 색다른 매력을 느낄 수 있는 길들이 이어진다. 하지만 눈에 보여지는 저수지의 녹색 잔여물이 썩어 가는 냄새에 그리 유쾌하지만은 않다. 그럼에도 불구하고 바닷길은 은빛 비늘처럼 햇빛에 반사되어 일렁이는 물빛들이 마치 물 위를 걸어가도 될 것처럼 착각을 일으킬 정도로 아름답다.

올레 2코스에서는 식산봉과 대수산봉 등 두 개의 오름을 오른다. 내수면 가운데로 쭉 뻗어 있는 방조제 길을 따라 조금 더 가면 황근으로 유명한 식산봉이 나온다. 식산봉은 숲이 아름답고 제주에서 유일하게 원식생이 유지되며, 우리나라 최대의 황근 자생지다. 황근은 제주도 해안 지대에서 자생하는 아욱과의 식물로 희귀종에 속한다. 초록 이파리들 사이로 피는 황색 꽃은 우아한 느낌을 준다.

대수산봉에서 본 해안 전경

내수면을 지나 동남 사거리로 이어진다. 어느 정도 걸으면 대수산봉 안내 표지판이 보인다. 대수산봉은 제주어로 얘기하면 큰물메다. 물메는 물과 메(뫼)의 합성어로 오름 꼭대기에 물이 솟아났었다는 이야기다. 대수산봉을 오를 때는 울창하고 가파른 숲길을 10분 정도 올라가야 한다. 평지를 걷다가 다시 경사진 오름길을 오르려니 몸이 힘들어 했다.

하지만 대수산봉 정상에 올라서니 시흥부터 광치기 해변까지 아름다운 제주 동부의 해안 일대가 시원하게 펼쳐진다. 그중 섭지코지가 가장 아름답게 보이는 곳이다. 세상 사는 일이 갑갑하게 느껴질 때 이곳에 올라서면 시원한 조망에 마음이 상쾌해질 것이다.

대수산봉을 내려와 공동묘지를 지나 억새길을 지나간다. 억새의 춤사위를 만끽하며 걷는 올레길은 가을의 정취를 물씬 느끼게 한다. 도로를 따라 걷다 보면 제주 '삼성 신화'에 나오는 혼인지를 만난다. 혼인지는 탐라국(지금의 제주도)의 시조인 삼신인(고을나, 양을나, 부을나)이 지금의 성산읍 온평리 바닷가에 떠밀려 온 나무 상자 속에서 나온 벽랑국 세 공주를 만나 혼인한 곳으로 알려진 연못이다.

어느 날 삼신인은 한라산에서 사냥을 하고 있었다. 그러다가 온평리 쪽을 바라보자 궤짝 세 개가 파도에 떠밀려 해안가로 둥둥 떠내려 오는 것이 아닌가. 한라산에서 내려와 궤짝을 건져 안을 들여다보니 푸른 옷을 입은 세 명의 공주와 말, 소, 오곡의 종자 그리고 사신이 있었다. 사신은 삼신인에게 벽랑국 왕이 하늘의 계시를 받고 자기 딸들을 보낸 것이라며 대업을 이루기 바란다는 말을 남기고 홀연히 사라져 버렸다.

지금까지의 섬 벽랑국이 어디인가에 대해서는 일본의 섬, 상상의 섬 등 의견

혼인지

이 분분하다. '제주도가 보이고 사방이 4리'라는 문헌상의 기록으로 보아 전남 완도군 금일읍 소랑도일 가능성이 높다는 주장이다. 여하튼 삼신인은 벽랑국에서 온 세 공주를 맞이한 뒤 베필로 삼아 혼례를 올렸다.

그리고 수렵만 하던 제주도는 세 공주가 가지고 온 말과 소, 오곡의 종자로 비로소 농업이 시작되었다.

혼인지를 나와 약 2㎞ 정도를 걸으면 2코스 도착지인 온평 포구가 나오는데, 올레 리본을 잘 따라가야 길을 놓치지 않는다. 만약 안내 표식인 리본을 놓쳤을 때는 마지막 표식을 본 자리로 되돌아가 다시 표식을 찾아야 올레길에서 크게 벗어나지 않는다. 우리도 순간 표식을 놓쳐 다시 200미터 정도를·되돌아갔다.

호수처럼 잔잔한 온평 포구

표식을 찾아서 골목을 따라 걸어가니 온평 포구에 도착했다. 바람이 불지 않는 날에는 온평 포구가 마치 잔잔한 호수처럼 평온하다. 포구에는 쉼터 정자가 만들어져 있다. 온평의 상징적인 조형물이 방파제 위에 여러 개 세워져 있는 평범한 포구가 올레길 종착지이다. (2018. 11. 5)

바닷가 노을

수평선 너머 지는 노을
은은한 수채화처럼
하늘 물들이는 어스름녘
텅 빈 모래밭에
발자국 하나 남긴다

가만히 눈 감으면
바람이 얼굴 스치고
깊은 바닷속에서 솟구치는
뜨거운 열기가
나를 향해 덤벼든다

자연스럽게 시간이 흘러
하루 일상이 끝나고
여유로운 시간
노을 바라보면

한결 마음이 가볍다

어차피 질 노을이라면
천천히 내려와
온갖 화려한 색감 보여 주며
하늘과 땅 경계
배경되는 것도 좋으리

하지만 가을 바람에
파리한 얼굴 어찌 감추랴
그 황홀함에 취해
나는 지금
시간 멈추고 서 있다

멀리 깜박이는 등대 불빛
길 잃은 선박 하나
항구 돌아가는 길 밝히며
반짝이고 있어
살아갈 이유 찾는다

3코스(B)

검은빛 돌담길 굽이굽이 돌아

온평 포구 → A, B코스 갈림길 → 용머리 동산 → 신산 환해장성 → 신산리 마을 카페→ 신풍 신천 바다 목장 → 표선 해수욕장(14.6㎞, 5시간)

제주 올레는 걸어서 여행하는 이들을 위한 길이다. 끊어진 길을 잇고, 잊혀진 길을 찾고, 사라진 길을 불러내어 걷는 사람들이 걷고 싶은 만큼 걸을 수 있는 길이 제주 올레길이다.

올레라는 뜻은 '큰 길에서 집으로 들어가는 길목에 있는 작은 골목길'을 뜻하는 제주도 방언이다. 다시 말해 집 안쪽으로 들어서며 볼 수 있는 검은빛 현무암을 쌓아 만든 돌담길이 굽이굽이 이어지는 모습을 생각하면 된다.

올레길 3코스는 두 가지 길이 있다. 통오름과 독자봉을 지나는 중산간 길로 20.9㎞의 꽤 긴 코스인 A코스와 바다를 보며 해안 도로를 따라 걸을 수 있는 14.6㎞ 거리의 B코스로 나누어진다. 같이 걷고 있는 아내를 생각해 이 중 거리가 짧은 B코스를 걷기로 했다.

3코스(B)는 용천수 공원 쉼터가 있는 온평 포구에서 시작하여 환해장성으로 이어지는 바닷가를 지난다. 넓은 바다와 목장을 만나는 신풍 신천 바다 목장을 만나고 이국적인 아름다움이 있는 표선 해비치 해변으로 이어진 바당올레다.

한적한 포구 마을의 정취를 느낄 수 있는 온평 포구 용천수 공원 쉼터에서 3코스를 시작했다. 용천수 공원에는 돌탑 등 각종 조형물이 세워져 있다. 경주의 첨성대처럼 보이는 조형물이 있어 다가가 보니 고기잡이 어부들이 무사히 돌아올 수 있도록 불을 밝혔던 도대라고 불리는 옛 등대였다.

제주도는 물이 귀하다. 구멍이 뻥뻥 뚫린 화산토라 물이 고이지 않는다. 논농사를 짓는 지역이 거의 없는 이유다. 대신 제주섬에는 용천수가 많다. 지하로 스며든 물은 해안에 이르러 자연스럽게 돌틈으로 흘러넘치거나 아니면 바닷물의 압력에 의해 땅 위로 솟아오른다. 이것이 제주 해안가에서 종종 발견되는 용천수다.

이 코스는 해안길에서 시작하는 코스다. 처음에는 파란 바다를 배경으로 걷기 때문에 시원한 바다 풍경을 보면서 연신 감탄하며 걷는 길이다. 조금 걷다 보면 A, B코스가 나눠지는 갈림길이 나온다. 갈림길을 지나 해안길을 조금 걸으면 물개상과 다양한 포즈의 해녀 조각상을 만난다.

1월이지만 제주 날씨는 포근하다. 낮은 돌담 안으로 녹색 농작물이 계절을 잊고 푸르름을 자랑한다. 포구를 지나니 유난히 돌이 많은 바닷길을 만났다. 걷기에는 불편한 길이지만 파란 바다를 곁에 두고 걸으니 웬지 마음이 넓어진다. 이곳의 올레길 표시는 막대기에 리본을 달아 돌

하천 마을 표지석에서

틈에 세워 놓았다. 리본을 보니 길을 헤메지 않고 제대로 걷는다고 생각하니 마음이 놓였다. 계속 걸으면 길게 돌담이 쌓여 있는 곳을 만난다. 신산 환해장성이라는 설명이 있다.

환해장성은 제주도 해안선 120㎞에 걸쳐 돌로 쌓은 성으로 현재 10곳이 남아 있다. 1270년(고려 원종11) 몽고와의 굴욕적인 강화에 반대하는 삼별초 군이 진도에서 항거하다 함락되고 난 후 이들이 탐라도로 들어오는 것을 막기 위해 쌓은 것이 그 시초이다. 조선시대에 이르기까지 보수, 정비를 하면서 왜구의 침입을 방해했다. 신산 환해장성의 전체 길이는 600여 미터로 온평 환해장성 제4 지점과 연결된다.

닭과 계란을 표현한 커다란 조형물이 세워진 만물용이라는 곳을 만났다. 이곳은 조그마한 만(灣)으로 형성되어 양질의 용천수가 솟는 곳이라 하여 만물이라고 불렀다. 예전에는 식수와 우마의 급수장으로 사용되었던 곳이다. 예로부터 물이 차가워 한여름에도 5분 이상 견디기 힘들다고 했다. 만물 앞에는 다금바리와 민물 장어, 우럭 등의 어종이 풍부한 마을 어장이 있다.

해안길을 조금 걷다 보면 곧이어 숲길로 접어든다. 길의 폭이 좁고 꼬불꼬불하기 때문에 리본을 잘 찾으면서 걸어야 했다. 1월 말이지만 너무 따가운 햇빛을 피해 나무 그늘 밑을 걷는 게 좋았다. 숲길을 벗어나니 바람도 고요했고, 새소리도 들리지 않는 한적한 임도가 계속 이어졌다.

조용한 임도를 벗어나 해안 도로를 만났다. 해안 도로는 해변가와 거리가 멀어서 파도 소리가 들리지는 않았지만 느낌으로 알 수 있다. 가끔 보이는 마을 풍경이 있지만 큰 변화가 없는 지루한 길이 계속 이어졌다. 바람도 불지 않고 포근한 날씨에 하늘이 맑다. 노란 유채꽃이 만발했고 그 너머에 있는 하얀 건물이 아름다웠다.

온평 포구에서 중간 스템프 지점인 신산리 마을 카페까지는 5.7㎞이다. 이 카페는 마을에서 운영하는 카페로 규모가 꽤 크며, 창이 넓은 창가에는 예쁜 소품이 놓여져 있다. 주 메뉴로 커피, 아이스크림과 케익 등을 판매한다. 이곳에서 파는 녹차 아이스크림 맛이 특별하다. 중간 스템프를 찍고 잠시 쉬었다. 이 카페의 큰 벽에는 다음과 같은 멋진 글귀가 있다. "파도가 바다의 일이라면 너를 생각하는 것은 나의 일이었다" 올레꾼의 마음을 은근하게 울리는 글이다.

겨울에 핀 유채꽃

여기서 표선 해수욕장까지는 거의 해안 도로를 따라 걷는 8.9㎞ 거리다. 파란 바다 건너 그림처럼 아름다운 집들이 보였다. 시원한 바다를 바라보며 계속 걷다 보면 신풍 신천 바다 목장이 나온다. 절벽 아래로 기암괴석이 펼쳐져 있고, 그 사이로 파도가 밀려와 하얀 거품을 내며 부서지고 있었다. 절벽 위에는 넓은 초지가 펼쳐져 있다. 시원한 바람을 맞으며 넓은 목초지를 바라보니 가슴과 눈이 시원하다. 이곳에서 이때만 볼 수 있는 특별한 장면인 귤껍질 건조 작업 현장을 만났다. 들판에 깔아 놓은 귤껍질은 마치 주황색 들꽃이 만발한 듯한 화원처럼 보였다.

올레길은 낮은 절벽 아래로 이어진다. 돌길이라서 걷기에는 불편하지만 바위 절벽에 부딪치는 파도를 더 가까이 볼 수 있는 아름다운 길이다. 해안 도로를 따라 걷는다. 처음에는 바다의 아름다움에 빠져 연신 감탄하면서 걷지만 계속 같은 길을 걸었더니 감흥이 반감되어 지루한 느낌이 들기 시작했다.

도로를 따라 계속 걸어가다 하천리 포구가 보일 때쯤 바다를 가까이에서 볼 수 있는 배고픈 다리에 도착했다. 고픈 배처럼 밑으로 쑥 꺼진 다리 모양 때문에 배고픈 다리라 불린다. 바다를 가를 듯 놓여진 다리다. 한라산에서 흘러나와 바다로 이어지는 천미천의 끝부분이 다리와 맞닿아 있다.

배고픈 다리를 지나 소금막 해변으로 가는 길을 만났다. 하천리 쉼터가 보이면서부터 분뇨 냄새 같은 아주 역겨운 냄새가 나기 시작해 빠른 걸음으로 이 구간을 벗어났다. 소금막 해변에서 표선 해수욕장 가는 길에 다시 짧은 숲길이 나오고, 물이 빠진 해수욕장 모래밭을 지나 드디어 표선 해수욕장에 도착했다. 수심이 낮은 원형의 백사장과 편의 시설이 잘되어 있어 해수욕장으로 인기가 많다.

해수욕장을 반 바퀴 돌아 걸으면 12간지 동물 조형물이 있는 작은 조각 공원이 나온다. 바로 앞에 종착지 스템프를 찍는 간세가 있다. 올레길 걷기의 3코스(B)가 마무리되었다. (2019. 1. 27)

표선 해수욕장

온평 포구에서 봄을 기다리며

제주 사람이 아니면
진짜 제주 바다를 알 수 없다 하는데

진짜 제주 바다를 알기 위해
파도 일렁이는 바다를 본다

지금 이곳에서
격정의 겨울을 보내며
봄을 기다리지만
겨울 지나는 것 또한 아쉽다

어떤 날은 가슴 아린
기억으로
또 어떤 날은
좋은 추억으로
발버둥쳐도
잡을 수 없는 시간

하얀 겨울도 좋지만
노란 봄이 오도록 두어라
들판 가득 유채꽃
푸른 세상을 기대한다

4코스

해녀의 삶을 돌아보는 길

표선 해수욕장→ 해양 수산 연구원 → 표선 해녀의 집 → 해병대길 → 토산 2리
마을 회관→ 신흥리 포구 → 태흥리 포구 → 남원 포구(19.6㎞, 6시간 30분)

파도 없는 오늘이 어디 있으랴

내 안에 오래도록 꽉 차 있던 소리
숨이 팍 그차질 때 터지는 그 소리
숨비소리
그 소리를 따라 여기까지 왔다

허영선 「파도 없는 오늘이 어디 있으랴」 중에서

올레길 4코스는 전체적으로 외진 길이 없는 무난한 올레길이다. 마을을 여러 번 지나쳐 가기 때문에 구경하는 재미도 있고, 음식점과 카페도 적당히 있다. 전체 코스가 19.6㎞로 다른 코스보다 조금 긴 구간이다. 구간을 나누어 걸을 수도 있지만, 큰 오르막이 없어 한 번에 코스를 완주하는 것이 어렵지 않다.

해변길을 걷다 보면 중간에 해녀의 집과 바다 속에서 전복과 소라를 채취하는 해녀들을 만난다. 이 길에서는 해녀들이 방금 채취한 싱싱한 참소라를 시식할 수 있다. 한 입 깨물면 단맛이 나면서 바다 냄새가 물씬 풍긴다. 소라가 ㎏당 5,500원으로 무척 저렴하다.

표선 해수욕장 주차장에 주차를 하고 올레길을 나섰다. 포구 안쪽에 있는 간세에서 패스포트에 스탬프를 찍으며 기념사진을 찍는 것으로 올레길을 시작한다. 발걸음은 당케 포구 쪽으로 향한다.

표선 해비치 해변에는 표선 5맛·5볼거리를 소개하는 관광 안내판을 설치했다. '표선 5 맛거리'는 우선 국·죽·떡·물회·고기 분야로 구분해 메뉴가 선정됐다. 국은 몸국·성게국·옥돔국·갈치국·멜국이고, 죽은 죽겡이죽·성게죽·전복죽이다. 떡은 빙떡·오메기떡·상외떡이 선정됐다. 물회는 자리 물회·한치 물회·옥돔 물회·어렝이 물회·객주리 물회, 고기는 흑돼지 구이·순대국·돼지고기 두루치기·말고기 구이가 선정됐다.

'표선 5 볼거리'는 계절에 따라 장관을 이루는 풍경들이 선정됐다. 봄에는 왕벚꽃나무, 유채꽃길, 할망당, 초병 연대와 봉수대가 절경으로 선정됐다. 여름은 산어리통물과 산물각, 쫄븐 갑마장길, 대문 없는 집, 가을은 드넓은 가을 들판의 억새꽃 물결과 넓은 초원을 뛰노는 노루와 말 등이 선정됐다. 겨울은 오름 정상에서 본 일출과 일몰, 가마리 해안의 기암괴석, 해녀들의 숨비소리 등이 선정됐다.

해안도로를 걸으며 보는 바다풍경

길은 식당가를 지나 동쪽 해안가로 이어진다. 중간 스템프를 찍는 장소인 토산리 마을 회관까지는 9.6㎞이다. 1월이지만 하늘은 푸르고 햇살이 싱그럽다. 오늘처럼 그늘이 없는 해안길 중심의 올레길을 걷기에는 최상의 조건이다. 주변 펜션과 상점은 해가 비치는 곳이라는 뜻인 해비치라는 이름을 많이 사용하고 있다. 해비치 호텔 앞 해안 도로를 걷는다. 해비치 호텔 뒤로는 제주 민속촌이다. 이 도로에는 펜션뿐 아니라 양식장도 많다. 주로 광어 양식장이다.

작은 공원을 지나서 갈림길이 나온다. 한쪽은 본 올레길이고, 다른 한쪽은 우회로이다. 제주 야생화로 바닷가에 자라는 갯강활이 무리지어 자라고 있다. 바닷길을 지나가면 짧은 수풀길이 나온다. 이 수풀길을 빠져 나오면 바다 풍경을 보면서 편하게 걸을 수 있는 해안 도로와 만난다. 도로 안쪽에는 팬션과 게스트 하우스가 많이 보였다.

안내판은 해안 갯가의 습지인 '갯늪'을 알려 준다. 전통 배인 태우를 매어 놓은 곳이기도 하다. 황근 자생지를 복원했다는 안내판이 있다. 황근은 유일하게 우리나라에만 자생하는 무궁화류 나무인데 멸종 위기 식물이다. 7~8월에 노란색 꽃이 핀다. 황근은 제주 올레길 1코스 식산봉 아래에 많이 자라고 있는데 꽃 색깔은 노란색이다.

주변에는 광어 양식장이 많다 보니 광어를 전문으로 요리하는 음식점이 많다. 양식장 겸 식당을 운영하는 식당 여러 곳을 지났다. 황근 자생지를 지나 가까운 거리의 흰 등대가 있는 곳에 왔다. 해변에 해녀길이 있다.

바닷가 광명등을 지난다. 포구에 들어오는 배를 위해 불을 밝혔던 제주의 옛 등대다. 전기가 들어오면서 지금의 등대에게 자리를 물려주었다. 옛날에는 광명등을 켜는 사람을 '불칙이'라고 불렀다. 마을에서는 포구 가까이에 사는 사람들 중 나이가 들고 고기를 잡을 수 없는 사람을 선택하여 '불칙이' 역할을 맡겼다.

길 옆에 있는 벤치에 "놀멍 쉬멍 갑서"라고 쓰여 있다. 도심의 번화함을 시샘하듯 달려드는 파도의 모습이 역동적이다. 용설란 비슷한 나무가 드문드문 우뚝 서 있다. 유카라고 하는데 마치 자생 식물처럼 자유롭게 자라고 있다.

해안 도로를 한참 걸어가니 마을이 보였다. 마을 입구에 음식점들이 많이 있다. 캠핑카 등 승용차들이 많다. 마을을 빙둘러 나오면 해병대길로 이어지는 샛길이 나온다. 이 길은 짧게 끝나고 대나무 숲길이 이어진다. 길은 농협 은행 제주 수련원 정원과 이어져 있다. 숲이 우거져 나무들 사이를 비추는 햇볕에 따라 바닥에 점점으로 조명이 비춘다. 수련원 마당에 시비가 세워져 있는데 시(詩)가 마음에 와 닿는다. 시 2편을 옮겨 보았다.

금빛합장

문순자

봄날엔

빌지 않아도
꽃은 피어난다

부활절도 초파일도
이제 겨우 지났는데

누굴 더
섬기란 건가
구름비나무 어린 손들

그리움의 길이

강영란

우물 하나 있습니다
오래전에
던진 돌멩이
아직도 바닥에
닿지 못했습니다

숲길과 해안 도로를 교대로 걷다가 드디어 마을을 지나가는 길이 나
오고, 마을 회관을 지나면 중간 스템프가 있는 간세를 만난다. 간세가
있는 건물은 마을에서 운영하는 '알토산고팡'이라는 식당이다. '제주 올
레 안내소'와 로젠 택배소를 겸하고 있다. 이 식당에서 돈까스와 순두

부 전골 찌개를 시켜서 점심 식사를 했다. 가성비가 좋고 마을에서 운영하는 식당임에도 기대 이상으로 음식 맛이 좋았다.

식사를 하고 다시 길을 걷는다. 작년부터 4코스 올레길이 단순하게 변경되었다고 한다. 원래는 여기서 망오름을 거쳐 약 4㎞ 정도의 오름을 올랐다가 다시 해변길로 나와야 하는데, 어쩐 이유에서인지 코스가 변경되었다고 한다. 몸이 조금 지쳐 갈 무렵 걸어갈 거리가 짧아지니 차라리 잘됐다는 생각이 들었다.

마을에서 운영하는 올레 식당

돌담 위에 놓인 푸른 소라가 앙증맞다. 길은 다시 해안 빌레로 들어갔다가 숲으로 들어간다. 빌레는 제주어로 너럭 바위를 뜻한다. 잘 다듬은 현무암을 보도석으로 깔아 걷기에 편했다. 이 숲 터널을 소망 터널이라 이름을 붙였다. 터널을 나오니 작은 포구가 있다. 여기가 토산 포구이니 토산리 마을로 들어온 것이다.

토산리 마을길에는 카페도 많이 보인다. "제2 공항 설러불라"는 현수막이 붙어 있다. '제2 공항 물러가라'는 뜻이다. 2015년 국토부가 세계 자연 유산 성산일출봉 근처에 제주 제2 공항을 건설하겠다고 발표한 뒤

이를 둘러싼 도민 사회 갈등이 계속되고 있다. 토산리 마을 회관에서 4
코스 종점인 남원 포구까지는 9.6㎞이다. 길은 한적한 밭길을 지나고 큰
길가로 이어진다. 신흥리 포구부터 다시 바닷길로 이어진다.

마을 하천인 송천을 건너 신흥 1리 종합 안내판을 본다. 신흥 1리는
거북이를 닮은 방구동과 보말이 많이 잡히는 보말동, 두 마을로 이루어
졌다. 올레길은 방구동에서 보말동으로 넘어간다. 큰 팽나무 그늘을 지
나고 도로를 건넜다.

해안가의 아름다운 마을 전경

청춘, 제주 올레길을 걸어라

초반 해안 도로와는 다르게 계속 마을이 나온다. 도로 옆으로 예쁜 펜션과 카페가 많아 구경하면서 걸었더니 지루하지 않았다. 태흥 2리 해변가에 위치한 '간이 옥돔역' 카페에는 주차장이 넓고, 바다를 바라보는 정원을 예쁘게 꾸며 놓아 많은 사람들이 쉬고 있었다.

바다 쪽으로 난 바윗길을 지나면 억새길을 만난다. 멀리 남원 읍내가 보인다. 올레길 4코스 종착지로 짐작되었다. 시각적으로 멀리 보이지만 걸어 보면 생각보다 먼 거리는 아니다. 시가지가 점점 다가오고 남태교를 건너 남원 포구에 도착했다. 드디어 제주 올레 5코스 안내소 앞이다. 약 20㎞의 올레 4코스를 가뿐하게 마친 기분 좋은 여정이었다. (2019. 1. 28)

신흥리 해변의 노을

신흥리 해변 수평선 넘어가는
감귤 빛깔 노을은
물감 스며들 듯
서서히 색을 입히고
온몸 적실 때

낮과 밤 경계 어스름녘
남 눈치 보지 않아도
좋을 듯

텅 빈 해변가에서
시간 잊은 채 서성이다

가슴 깊은 곳에서 솟아나
할 말 있어도
아직 침묵해야 할 때라
거친 파도 달래며
참고 기다린다

겨울은
회색 빛으로 지나가고 있어
고개 들어 보면
빈 의자만
역설처럼 놓여져

순간
수평선 넘어가던 노을이
마지막 힘을 다해
요염하게 타오르다가
쓰러지고

희미한 모습이

어둠에 가려
파리한 슬픔의 빛깔로
시선 붙잡으며
달려든다

감히
넘볼 수 없던 어린 시절
장바닥 떠돌던 기억
가끔 생각나
현기증 나는 계절

등대 불빛 깜빡일 즈음에
누군가 찾아올 거라고
마음 설레며
더불어
살만한 세상이라 믿으며

지금도
그런 외로움에 지쳐
길 잃고 서 있다

5코스

탁 트인 바다를 보며 걷는 바당올레의 매력

남원 포구 → 큰엉 해안 경승지 → 국립수산과학원 → 위미 동백나무 군락지 →
조배머들코지 → 위미항 → 망장포 → 쇠소깍 다리(13.4㎞, 4시간)

대부분 바다와 접해 있는 올레 5코스는 큰엉 해안 경승지부터 시작해서 쇠소깍 다리까지다. 총 거리는 13.4㎞로 4시간이 걸린다. 용암이 만들어 낸 기암절벽의 장관과 숲 터널의 조화로움, 드넓은 바다가 어우러지는 큰엉 해안 경승지가 이곳의 대표적인 볼거리다.

우선 올레 안내소에서 20미터 떨어져 있는 공영 주차장에 주차를 했다. 올레 안내소에 들어가니 직원이 제주 올레길을 도와주는 일은 '올레와 관련한 상품을 구입'하는 거라고 해서 『제주 올레 여행』이라는 책을 구입했다. 23년의 기자 생활을 접고 떠난 산티아고 길 위에서의 결심으로 제주 올레길을 만든 서명숙 이사장의 저서이다.

5코스의 시작은 제주 올레 안내소에서 스탬프를 찍으면서 시작된다. 파도가 없는 바다가 평화롭게 보였다. 3일째 걸으며 보는 바다이지만 시간, 장소에 따라 풍경과 분위기가 사뭇 다르다. 포구를 뒤로한 채 하늘을 향한 갈색 아치형 남룡교를 건너갈 때 좀녀(해녀)가 물질하던 숨비소리가 들리는 듯하다.

남원 큰엉 해안 풍경

남원 포구를 지나 길고 긴 해안 도로를 걷는다. 도로를 따라 길게 매달린 오징어가 햇빛에 꾸덕꾸덕 말라 가고 있다. 길손을 맞이하는 오징어 행렬이 아침 햇살에 반짝이며 장관을 연출한다. 멀리 해안 끝에 대형 리조트 건물이 보였다.

해안길이 끝났는가 싶었는데 난대 식물이 울창한 숲 터널을 이루는 큰엉 입구에 도착했다. 단체 관광객들이 많이 찾아와서 북적대며 사진을 찍는다. 경치가 좋아 많은 사람이 찾아오는 곳이라 산책로가 잘 만들어져 있어 걷기에 편안했다.

햇빛에 오징어를 말리는 장면

남원 큰엉은 '큰 바위가 바다를 집어 삼킬 듯이 입을 크게 벌리고 있는 언덕'이라 하여 붙여진 이름이다. 해안 절벽을 따라 펼쳐진 2㎞의 산책길, 전망대, 간이 휴게소, 기초 체력 단련 시설, 화장실 등이 마련되어 있다. 중간중간 숲에서 벗어나 전망대에 서면 탁 트인 바다와 마주한다. 해안 절벽에는 바람과 파도가 만들었을 호두암, 유두암, 인디언 추장 얼굴처럼 보이는 추장 바위들이 있다. 추락사를 방지하기 위해 바다 쪽으로는 안전하게 목책이 둘러쳐져 있다.

호두암은 많은 바위들 중 옆에서 보이는 모습이 마치 사나운 호랑이가 사냥하듯 입을 크게 벌리고 있는 호랑이의 머리를 닮았다. 유두암은 호두암의 아래쪽에 위치해 있으며 자세히 관찰하면 마치 어머니의 젓가슴처럼 봉긋하게 솟아 있다. 까만 젖꼭지가 선명하게 보여 이 바위를 보는 사람들로 하여금 미묘한 웃음을 짓게 하는 바위다.

절벽 밑 해안가에는 주황색 부표를 띄워 놓고 물질하는 해녀들도 보인다. 올레길을 걷다가 들여다본 바다는 물 밑 바위들이 보일 정도로 파랗고 투명하다. 산책로를 걷다가 정면을 보면 산책로를 둘러싼 좌우의 나뭇가지 사이로 하늘과 바다를 배경으로 마치 한반도를 그대로 옮겨 놓은 듯한 형상을 볼 수 있다. 한반도 숲이라고 부르는 이곳에서 많은 관광객들이 사진을 찍는다.

바다와 맞닿은 절벽 위에 이처럼 아름다운 길을 내고 편안하게 걸을 수 있는 건 바로 보이지 않는 곳에서 노력한 해병대원들 덕분이다. 올레길을 만들 당시 끊어지고 묻혀 버려 감히 엄두도 낼 수 없었던 바당(바다)올레길은 해병대원들의 도움으로 복원했다고 한다. 이외에도 길을 내는데 조건 없이 구슬땀을 흘렸을 자원봉사자 등 모든 이들에게 감사하는 마음으로 올레길을 걸었다.

남원 큰엉의 아름다운 해안절벽

산책로는 동행자들과 도란도란 이야기를 나누며 걷기에 좋다. 시퍼런 바닷물이 서서히 밀려와 울퉁불퉁 솟아난 바위를 때리며 부서져 하얀 포말이 일었다. 파도는 물러나는 듯 하다가 다시 힘을 모아 점점 큰 파도를 일으킨다. 지칠 줄 모르고 되풀이하는 파도의 몸짓을 보노라면 파도는 무슨 목적이라도 있는 듯이 마구 덤벼든다. 나도 모르게 뒤로 물러난다.

산책로가 끝나면 거칠은 현무암 바윗길이 나오는가 싶더니 바로 숲길로 이어진다. 날씨가 쾌청해서 멀리 한라산이 가까이 있는 것처럼 깨끗하게 보인다. 올레길을 걸으면서 보는 한라산이 너무나 아름답다.

한라산을 바라보며 조금 더 걸어가면 '위미리 동백나무 군락지' 안내판이 보인다. 위미리 동백나무 숲은 황무지를 옥토로 가꾸기 위하여 끈질긴 집념과 피땀 어린 정성을 쏟은 한 할머니의 얼이 깃든 유서 깊은 곳이다.

17세 되던 해 이 마을로 시집을 온 현병춘(1858~1933) 할머니가 해초 캐기와 품팔이 등 근면 검소한 생활로 어렵게 모은 돈으로 이곳 황무지를 사들인 후 모진 바람을 막기 위하여 한라산 동백 씨앗을 따다가 이곳에 뿌린 것이 오늘날에 이르러 기름진 땅과 울창한 숲을 이룬 것이다.

저기 저 동백꽃 숲을 보라
얼마나 아름다운가

마치 부드러운 솜털 같은
풍경이 흐르고
꿈을 꾸게 한다

화사함을 느껴 보라

돌담 따라 피어난

동백꽃 향기에 취해 보라

아~ 애절한 사랑 떨군 채

그대 떠나는가

떠나지 마라

여기 이 아름다운 곳에서

함께 추억을 노래하자

이 동백나무 군락지 공원길 끝에 중간 스템프를 찍는 간세가 있다. 시작점을 출발해서 여기까지 대략 5㎞ 거리이다. 동백나무 군락지에서 다시 마을길을 따라 내려간다. 해안가를 바라보고 있는 멋진 펜션들이 많다.

해안 도로를 따라 잠깐 걷다가 다시 숲길로 들어선다. 5코스 올레길을 걷는 동안 오늘은 많은 올레꾼들을 만났다. 이어지던 올레길이 갑자기 확 꺾어진다. 알고 보니 독수리 머리처럼 보이는 기암괴석 '조배머들코지'를 한 바퀴 돌아보라는 배려이다. '한라산의 정기가 모이는 곳'이라는 조배머들코지는 일제 강점기에 파괴되었다가 복원된 기암괴석이다.

본래 이곳에는 높이가 70척이 넘는 거암괴석들이 비룡형(飛龍型) 또는 문필봉형(文筆峯型)들로 외연히 옹립하고 있어서 설촌 이래 마을의 번성과 인재의 출현을 기대하던 위미리 주민들의 신앙적 성소이다. 그러던 중 지금으로부터 약 일백 년 전인 일제 치하 때 일본인 풍수 학자가 이 거석을 보고 한라산의 정기가 모아진 기암이기에 위미리에는 위대한 인물이 대를 이을 것으로 판단했다.

그 일본인은 당시 위미 1리에 거주하는 유력한 김 씨 집을 찾아가서 저 기암괴석이 이 집을 향하여 총을 겨누고 있는 형세로 가세를 누르고 있으니 가운을 떨치고 집안의 안녕을 도모하려면 '조배머들코지'의 거석을 파괴해 버려야 한다고 꼬득였다. 일본인 풍수의 말에 속은 김 씨는 석공을 동원하여 이곳의 기암괴석 대부분을 폭파했는데 당시 괴석 밑에는 바로 용이 되어 승천하려던 늙은 이무기가 붉은 피를 뿜으며 죽어 있었다는 말이 전해지고 있다.

이 일이 화근이 되었는지 그 뒤 위미리에는 큰 인물이 나오지 않았고 장래가 촉망되는 인물이 나왔다가도 시름시름 앓거나 단명하였다고 전해지고 있다. 이에 만세 지탄이 있었으나 1997년 위미리개발협의회가 중심이 되어 부근에 있는 석편들을 정성스레 추슬러 지난날의 '조배머들코지'를 복원하게 되었다.

복원된 조배머들코지 바위

위미리 우체국을 지나 해안가를 걷다 보면 바닷물이 육지 안으로 밀려드는 모습을 볼 수 있는 고망물이라는 곳을 지난다. '고망'은 구멍을 나타내는 제주 방언으로 바위틈 구멍에서 물이 솟는다는 의미다. 한라산에서 시작하여 화산 회토층을 통해 천연 여과 과정을 거쳐 최고의 수질을 자랑해 상수도가 개설되기 전에는 주민들의 식수로 사용되었다. 1940년대 이곳에는 고망물을 이용해 소주를 생산하던 황하 소주 공장도 있었다고 한다.

다시 마을길로 들어섰다. 길게 이어지는 돌담길에는 "취중 진담 - 나중 진땀", "꽃에 나비가 찾아오듯이 나도 너를 만나 사랑할 운명이었나 보다", "꽃잎 떨어져 바람인가 했더니 세월이더라" 등 재치 있는 문구의 글을 예쁜 액자에 담아 걸어 놓았다. 액자들은 푸른 바다를 배경 삼아 쌓아 올린 돌담을 예쁘게 장식하고 있다.

계속 이어지는 해안 도로를 한참 걷다 보면 도로 옆에 영화 〈건축학개론〉을 촬영했던 '서연의 집' 카페를 볼 수 있다. 외진 곳임에도 많이 알려진 장소라서 주변 도로에는 승용차가 여러 대 주차되어 있었다.

'서연의 집'은 위미 포구 근처 가정집을 〈건축학개론〉 영화 때문에 리모델링한 세트장이었지만 안전상의 문제로 재보수한 뒤 카페&갤러리로 오픈했다. 카페 내부 이곳저곳에 영화의 추억을 느낄 수 있는 사진이나 소품들이 전시되어 있다. 첫사랑의 향수를 새삼 느끼고 싶은 이들에게 좋은 추억을 준다. 영화에서 남자 주인공이 누워 낮잠을 잤던 2층에는 예쁜 잔디가 깔려 있어 분위기가 좋고, 건물 바로 앞에는 바다가 있어 커피 한잔과 함께 아름다운 경치를 즐길 수 있다.

2012년 3월 개봉한 영화 〈건축학개론〉은 첫사랑이라는 감성적 소재를 건축/집이라는 개념과 접목하여 독특하면서도 유려하게 펼쳐 낸 관객의 찬사를 받았다. 전국적으로 첫사랑 열풍을 일으키며 당시 한국 멜로 영화 사상 최초 410만 관객을 동원하는 등 작품적, 대중적 성취를 일궈 냈다.

계속 걷다 보면 빌라 단지가 나오고 학교도 나온다. 포장도로가 끝나고 숲길로 이어졌다. 다시 포장도로가 나오자마자 멀리 한라산이 보인다. 한라산 정상에는 오전에 없던 구름이 덮여 있고 작은 오름이 여러 개 보인다. 이런 날씨에는 한라산 정상에서의 멋진 조망은 없을 거라는 생각이 들었다.

경북 봉화의 중·고등 대안 학교인 '내일 학교'의 부설 '마음 빛 그리미' 사진 갤러리를 만났다. 도로 옆의 개방형 갤러리여서 자유롭게 관람을 하며 지나갔다.

아파트를 끼고 다리를 건너는데 제주 방언과 표준어를 병기하여 재미있는 글이 있다. 예를 들면 "제가 당신을 무척 사랑합니다"를 제주 방언으로 쓰면 "나 이녁 소못 소랑햄수다"가 된다. 이런 제주 방언으로 재미있게 표현한 글이 계속 이어졌다.

바다를 향해 만들어진 T자형 망장포가 나왔다. 예전 왜구 침입이 잦아 왜구의 동태를 살펴 봉화를 올리는 방어 시설이 있었던 데에서 망장포라고 불렀다. 세금으로 거둬들인 물자와 말 등을 수송했던 곳이다. 오랜 세월의 더께처럼 푸른 이끼가 낀 망장포는 무덤덤하게 바다를 바라보고 있었다.

큰길을 따라 걷다 보면 쇠소깍 다리가 나온다. 쇠소깍 다리를 건너가면 왼쪽으로 5코스의 종점이자 6코스의 시작점인 간세가 있다. 올레길 5코스는 1~4코스와는 다르게 지루할 틈이 없는 아름다운 코스이다. 약간 지루하다 싶으면 바닷길로, 숲길로, 마을길로 풍경이 자주 바뀐다. 하루 일정으로 걷는 거리도 적당하고, 큰 오르막이 없어서 가볍게 걷기 좋으며 아름다운 풍경이 함께하는 멋진 올레길이다. (2019. 1. 29)

그대에게 가는 하얀 길

올레길 5코스 걷다 보면
바다 향해 나가는 오솔길 옆

은은하게 부대끼는 초록 대숲
겨울임을 잊게 하고

노랗게 무리지어 핀 유채꽃
봄이 시작됨을 알린다.

그대는 그리움인 듯

물결 일으키며 파도로 밀려오고

잰걸음 다가가 보면
닿을 수 없는 거리만 확인하고

그저 바라만 보고 있는데
거센 파도
다시 편 가르고 흩어지네

푸른 바다 간절함 너머
그대에게 가는 하얀 길을 본다

6코스

제주 감성을 제대로 느끼다

쇠소깍 → 제지기 오름 → 보목 포구 → 구두미 포구 → 검은여 해안 → 소정방 폭
포 → 소라의 성→ 정방 폭포 → 이중섭 거리 → 서귀포 올레 시장 → 제주 올레
여행자 센터(11.6㎞, 4시간)

올레길 6코스는 쇠소깍에서 서귀포 시내 중심에 있는 제주 올레 여행
자 센터까지이다. 시작점인 쇠소깍 다리에서 출발한했다. 쇠소깍은 자
연 하천과 바다가 만나는 지점의 합수지이다. 원래 쇠소깍에서는 관광
객들이 테우(뗏목)와 카약을 타는 곳으로 유명한데, 겨울에는 대개 운
행을 하지 않는다. 하지만 오늘은 겨울치고 날씨가 따뜻해서인지 사전
예약을 한 고객들 때문인지 나룻배와 카약이 운행되고 있었다. 협곡 사
이에 있는 환상적인 옥빛 물 위에서 뱃놀이하는 여행객들이 행복하게
보였다.

청춘, 제주 올레길을 걸어라

쇠소깍에서 태우를 즐기는 모습

　쇠소깍은 제주 현무암 지하를 흐르는 물이 분출하여 바닷물과 만나 깊은 웅덩이를 형성한 곳이다. 쇠소깍은 제주 방언으로 '쇠'는 효돈의 옛 이름, 즉 효돈 마을이라는 뜻이며, '소'는 연못, '깍'은 끝을 의미한다. 다시 말해 쇠소깍은 '효돈의 벼랑 끝에 있는 못'이란 의미다. 쇠소깍으로 가는 산책로는 녹색 우레탄으로 잘 정비된 길이다. 초록 숲길을 걷는 듯 시각적으로 색감이 좋아 기분이 상쾌하다.

　쇠소깍에는 애틋한 사연이 담긴 전설이 전해 내려온다. 지금으로부터 350여 년 전 하효 마을에 주인집 외동딸과 그 집 머슴의 동갑내기 아들이 한 울타리에서 어린 시절부터 신랑각시 소꿉놀이하며 놀았다. 어느 날 성장하여 주인집 외동딸이 먼 동네로 시집가게 되었다. 이들은 양가 부모님께 둘이 장래를 약속한 사이라고 말씀 드렸으나 이를 허락지 않고 주인 내외는 머슴 가족을 내쫓았다.

너무나 억울한 머슴 아들은 깊은 계곡인 남내소(沼)에 몸을 던져 죽고 말았다. 주인집 딸은 부모 몰래 매일 밤 자시에 이곳 기도 바위에서 하느님께 비를 내려 달라고 100일 동안 간절하게 빌었다. 100일이 되는 어느 날 밤에 갑자기 사방이 깜깜해지더니 큰 비가 내렸다. 이 남내소 냇물이 넘치자 총각의 시체가 떠올랐다. 부둥켜 안고 슬피 울고 난 처녀는 바위 위에 올라가 냇물에 몸을 던져 죽고 말았다. 이 처녀의 순수한 사랑과 높은 정절을 기리기 위해 하효 마을 동쪽 용지 동산에 할망당을 만들어 모시고 하효 마을의 무사 안녕과 번영을 기원했다.

효돈 마을 지명 유래가 적힌 비석을 지나가고, 파란색 지붕과 벽화가 그려져 있는 집에서부터 본격적인 6코스 걷기가 시작된다. 제주의 느낌을 알 수 있는 돌담길, 길을 잃지 않도록 중간중간 갈림길마다 있는 리본 그리고 파도 일렁이는 바다를 보며 걷는 게 올레길의 묘미다.

강릉이 원조인 테라로사 커피숍이 이곳 6코스 올레길에도 있다. 예전에 강릉과 양평에 있는 테라로사를 방문했다가 커피 맛과 분위기에 반해 몇 번 들렀던 커피숍이다. 주변에는 테라로사뿐 아니라 전망이 좋은 게우지코지 등 예쁜 커피 하우스가 보였다. 게우지코지 바로 위쪽에 있는 해안가 '일수몰'이라는 곳을 지난다. 썰물 때는 용천수가 많이 난다고 한다.

제지기오름 입구가 나왔다. 리본은 그냥 지나가는 것으로 표시되어 있으나, 섶섬을 볼 수 있는 제지기오름을 올라갔다. 참고로 이곳 제지기오름은 '유네스코 3관왕' 그리고 '세계 7대 자연 경관'으로 선정된 곳이다. 올라갈 때 잠시 땀을 흘렸지만 섶섬을 바라보는 전망이 좋다. 섶섬은 숲섬 혹은 삼도(森島)라고 불리는데 육지에서 3㎞ 정도 떨어져 있다. 계란처럼 동서로 긴 타원형의 섬이다. 국내 유일의 넙고사리 자생지로도 유명하다.

보목 포구를 지난다. 언덕을 오르면 도로변에 볼래나무라고 부르는 볼래낭이 많이 자라고 있다. 볼래낭 열매가 익으면 색깔은 은백색에 붉은 빛이 돌고, 맛은 새콤달콤하다고 한다. 그리고 보면 보목이란 마을 이름은 볼래낭이란 나무에서 가져왔다.

한기팔 시인의 「보목리 사람들」이라는 시비(詩碑)가 세워져 있다. "세상에 태어나/한 번 사는 맛나게 사는 거 있지/이 나라의 남끝 동/보목리 사람들은/그걸 안다/보오 보오/물오리 떼 사뿐히 내려앉은/섶섬 그늘/만조 때가 되거든 오서 보게"

보목항의 유명세는 자리돔이다. 만일 4월에서 7월 사이에 이곳을 지나가게 된다면 자리 물회를 먹어 보라고 한다. 예로부터 보목 바다에서 잡히는 자리돔은 가시가 부드러워 물회로 먹기 좋다. 자리돔은 크기가 새끼 붕어빵만 하고 살 속에는 가시가 많다. 바다에서 힘든 노동을 하면서 살아가는 제주 사람들에게 자리돔은 칼슘 공급을 해 주는 영양식이었다.

　외국의 유명한 해안 경치처럼 해안을 끼고 걷는 제주 올레길은 아름답다. 해안가 꽃단지 너머로 구름이 잔뜩 내려앉은 하늘과 어울린 섶섬의 아름다운 모습이 장관이다. 올레길을 걷다보면 전망이 좋은 곳에는 어김없이 카페가 있다. 언덕을 올라가면 눈에 확연히 들어오는 둥근 모양의 전망대가 있어 그곳에 올라가 본다.

섶섬

자연스러운 현무암 괴석의 울타리가 바닷물을 가두어 백두산 천지를 축소해 놓은 모습인 소천지가 나왔다. 날씨가 맑고 바람이 없는 날에는 소천지에 투영된 한라산의 모습을 촬영할 수 있다고 한다. 소천지를 지나 숲길로 들어갔다가 다시 해안가로 나왔다. 해안길에 서 있는 커다란 돌하르방과 기념 사진도 찍었다. 올레길은 게 모양의 느리게 가는 우체통도 지나고, 칼 호텔이 있는 곳을 지나간다.

출발해서 2시간 정도 지나서 정자가 나왔다. 여기서 간식과 커피를 마시면서 잠시 휴식을 취했다. 여유롭고 한적한 숲길을 만난다. 정방 폭포로 가기 전 아담한 소정방 폭포를 지나간다. 멋진 산책길을 지나자 카페나 박물관처럼 생긴 '소라의 성'이라는 멋진 전망대가 나왔다. 여기가 올레길 6코스에서부터 9.5㎞ 지점이며 중간 스탬프를 찍는 곳이다.

폭포와 파도가 만나는 아름다운 '소라의 성'은 단순하면서도 곡선이 갖는 아름다운 미적 요소가 돋보이는 소규모 건축물이다. 곡선과 직선 요소에 의해 4면이 각각 다른 표정을 갖고 있는 독특한 형태이다. 급한 경사 절벽과 완만한 해안선으로 구성되어 있는 제주 해안의 특성에 거슬리지 않게 건축되었다.

정방 폭포에 도착했다. 폭포를 보기 위해서는 매표소에서 티켓을 구매해야 한다. 매표소에서 몇 걸음만 걸으면 바로 정방 폭포이다. 정방 폭포는 한라산 남쪽 기슭에 발달한 폭포로, 폭포수가 바다로 떨어지는 동양 유일의 해안 폭포이다. 그 규모는 높이가 23미터, 너비가 10미터나 된다. 여름철 서귀포 바다에서 배를 타고 바라보는 폭포수 경치가 아름답다고 한다.

폭포의 수원은 '정모시'(正毛淵)라는 뜻이며, '폭포수가 떨어지는 못에서 북과 장구를 두드리면 거북이들이 물 위로 올라와 장단에 맞춰 춤을 추었다'고 전한다. 진(秦)나라 시황제(始皇帝)의 사자 서불(徐市)이 한라산에 불로 장생초를 구하러 왔다가 정방 폭포를 지나며 '서불과지(徐市過之)'라 새겨 놓고 서쪽으로 떠났다는 전설이 깃든 곳이기도 하다.

또한 서복 불로초 공원은 이러한 전설을 바탕으로 정방 폭포의 암벽 위에 조성되었고 공원에는 맥문동, 삼백초, 사철쑥, 어성초, 방풍, 섬오가피 등의 약용 식물이 식재되어 있다. 공원의 크기는 작지만 물고기가 사는 작은 연못이 흘러 바다로 이어지고, 동홍천을 끼고 있어 서귀포 시민들이 자주 찾는 공원이다. 이곳에서 섶섬과 문섬이 한눈에 들어오는 빼어난 풍광을 감상할 수가 있다.

정방 폭포 앞에서

박재삼

그동안 그대에게 쏟은 정은
헤아릴 수 없이 많지만
이제는 그 절정에서
눈과 귀로만 돌아옵니다.

그것도 바닷가에 이르러

송두리째 몸을 날리면서

그러나 하늘의 옷과 하늘의 소리만을

오직 아름다움 하나로 남기면서

그런 아슬아슬한 불가능이

어쩌면 될 것도 같은

이 막바지의 황홀을

그대에게 온통 바치고 싶습니다.

올레길은 이중섭 거리로 이어졌다. 기대하지 않아도 좋고, 기대하고 가도 너무 좋아 누구나 반해 버릴 이중섭 거리였다. 커다란 손바닥에 등 그린 돌이 올려져 있는 조각상이 눈길을 끌었다. 거리에는 조용한 음악이 흘러나온다. 플리 마켓을 하는 곳뿐만 아니라 아기자기한 소품을 파는 가게 모습들, 인테리어가 너무 예쁜 거리의 모습이다.

작가의 산책길이라는 안내 표지를 보고 걷는다. 이중섭 화가의 생가로 이어졌다. 평안남도 출신의 화가 이중섭이 6·25 전쟁 때 가족들이 1년 동안 세 들어 살던 초가집이다. 이곳엔 많은 관광객들이 찾아와서 구경도 하면서 사진을 찍는다. 이중섭이 잠시 사용하던 1.4평짜리 쪽방을 들여다보았다. 이 작은 공간에서 어떻게 이중섭 가족 4명이 살았는지? 라는 생각에 마음이 짠했다. 벽에 붙어 있는 그의 자작시 「소의 말」처럼 화가 이중섭에게는 삶은 고달프고 외롭고 한편 그리운 것이었는지도 모른다. 이런 억척스런 환경 속에서 어떻게 세계적인 명작을 탄생시켰는지 존경스러울 뿐이다.

이중섭 거리를 벗어나서 조금만 걸으면 서귀포 사람들이 활기차게 살아가는 모습이 물씬 풍기는 서귀포 매일 올레 시장이 나온다. 아랑조을 거리를 거쳐서 쭉 걷다 보면 6코스의 종착지 제주 올레 여행자 센터가 나온다. (2019. 1. 29)

이중섭 거리   화가 이중섭 생가

나답게 올레길을 걷는다

올레길을 걷는다는 것은
나를 알아 가는 과정

나의 생각을

나의 미래를

나의 열정을

이전보다 더 나를 알아 가는 것

그래서 길 걷는 동안은

철학자가 되고

시인이 된다

올레길은 우리들 삶의 지침서다

체험하며

느끼며

길을 걷는다

지나온 길 되돌아보며

나만의 속도로

나의 이야기를 써내려 간다

내가 보여 주려는 건

겉모습 아닌

나의 살아 있는 진정성이다

나의 전부를

마음껏 소리쳐 쏟아 낸다

7코스

아름다운 외돌개, 바다와 숲길의 향연

제주 올레 여행자 센터 → 폭풍의 언덕 → 외돌개 → 외돌개 전망대 → 돔베낭길 → 속골 → 법환 포구 → 일강정바당올레 → 켄싱턴 리조트 → 강정 포구 → 크루즈 터미널 → 월평 마을 아왜낭목(15㎞, 5시간)

제주의 올레길 코스 중 많은 올레꾼들이 가장 아름답다고 평가한 올레 7코스다. 마치 동화에서 나오는 숲속 세상에 온 듯한 아기자기한 모습과 아름다운 새소리, 다양한 숲속 곤충들을 만나 볼 수 있는 코스다.

바다 가운데 외롭게 서 있어 외돌개라고 했는가. 외돌개는 화산이 폭발할 때 생성된 21미터의 바위다. 먼저 푸른 바다 한가운데 외롭게 서 있는 외돌개를 배경으로 사진을 멋지게 찍은 후 예쁜 올레길을 걷기 시작했다.

청춘, 제주 올레길을 걸어라

외돌개

고려말 최영 장군이 원나라에서 파견한 목호들의 난을 진압하기 위해 제주에 왔다. 범섬으로 도망간 그들의 기세가 만만치 않아서 토벌을 못하다가, 외돌개에 장군복을 입혀 놓으니 범섬의 목호들이 기세에 눌려서 모두 자살했다고 한다. 이런 연유로 외돌개를 장군석이라 부르기도 한다.

외돌개에는 이 동네에서 고기잡이를 하던 어느 노부부의 슬픈 이야기가 전해진다. 어느 날 할아버지가 먼 바다에 고기 잡으러 나가자 할머니는 이곳에서 매일 밤낮으로 기도를 하였다. 그런데 할아버지는 바다에서 풍랑을 만나 숨을 거두었고, 할머니는 오랫동안 기다리다 바위가 되었다고 한다. 며칠이 지난 후에 할아버지가 죽어 물에 떠서 돌이 된 할머니에게 왔고, 그 순간 둘은 엉겨 붙어 큰 바위가 되었다고 한다.

전설처럼 외돌개 바위 위에는 할머니의 머리처럼 풀과 나무가 자라고 있고, 왼쪽 바위를 자세히 보면 할머니가 할아버지를 목 놓아 울며 부르는 모습이다. 이런 전설을 알고 바라보는 외돌개 모습에 여행객의 마음은 아련해진다.

외돌개 코스는 드라마 대장금의 촬영지로 유명해서 외국 관광객들에게도 인기가 많다. 올레길을 지나면서 외돌개를 바라보는 멋진 전망 장소에 배우 이영애의 대장금 이미지 간판을 세워 놓아 기념사진을 찍을 수 있도록 했다.

눈이 부시도록 파란 바다를 바라보며 천천히 걷는다. 길을 걸을 때마다 문섬과 범섬, 외돌개의 아름다운 전경이 눈 앞에 펼쳐진다. 참으로 멋진 풍경이라 생각하면서 거듭 감탄한다. 이른 아침이라서 사람들이 없어 조용했다. 외돌개와 범섬 등 멋진 풍경을 감상하며 여유롭게 걷는 행운을 누렸다.

돔배낭길을 지난다. 돔배낭길은 옛날에 돔베(도마)를 만들던 낭(나무)이 많았다는 데서 유래한다. 창창한 바다와 하얀 포말이 이는 파도를 배경으로 벼랑을 따라 길이 있다. 왼쪽으로 섶섬이 보이고 길을 조금 돌아서 걸으니 문섬이 보였다. 문섬은 돌고래 꼬리처럼 생긴 바위섬이 붙어 있다. 조금 더 걸으면 범섬이 멀리 보인다. 해안을 따라 이어진 돔배낭길을 오르락내리락 천천히 걸었다. 바로 앞이 야자수 숲이다. 야자수는 하늘에 닿을 듯이 높게 뻗어 있다. 길 양쪽에 열병식 하듯 도열해 있어 제주를 상징하면서도 남국의 정취를 느끼게 했다.

해안 산책로 전경   외돌개 해안 절벽과 범섬 전경

바닷가길을 벗어나 도로에 나와 조금 걸으면 서귀포 여고를 지나게 된다. 교문 안을 들여다보니 분홍빛 매화가 활짝 피었다. 매화는 서귀포 여고의 교화(校花)라고 한다. 매화를 보니 벌써 봄이 다가왔음을 느낄 수 있었다.

법환 포구를 지나는데 식당 겸 해녀 체험 학교가 있다. 일반인도 해녀들처럼 고무 옷을 입고 테왁을 메고 바다 속으로 풍덩 들어가 참소라와 전복, 보말, 성게 등을 잡을 수 있다. 안내문에는 전국의 50세 미만 남녀 지원자 대상으로 실기와 면접을 거쳐 해녀를 뽑는다고 되어 있다. 우리는 나이 때문에 지원 자격조차 안 된다며 웃고 지나갔다.

이곳 해녀들이 운영하는 식당에서 싱싱한 참소라 회를 먹었다. 생각보다 많은 양을 주었고, 소라가 싱싱하고 맛난다. 해산물을 좋아하는 동행한 친구가 너무 행복한 표정을 지으며 만족해 한다.

법환 포구

법환 마을은 제주도 서귀포시에 위치한 국내 최남단 해안촌이다. 현재는 제주도에서도 좀녀(潛女)가 가장 많은 어촌이다. 좀녀는 제주 해녀를 말한다. 법환 마을은 좀녀들의 삶과 전통 생활 문화가 생생하게 보존, 유지되고 있다.

한라산 품에 안고
바다를 눈에 담으며 올레길 걷는다

바람이 전하는 향기 맡으며
정겨운 돌담길과 바다를 보면서
여유롭게 걷는다

바다는 그림처럼 빛나고
친구 웃음소리는
탐스런 감귤처럼 나를 미소 짓게 한다

이제는 바다를 느끼며
올레길 걷는 일상이 행복이다.

바다 갈라짐 현상이 일어난다는 서건도와 카라반 캠핑장을 지난다. 중간 스탬프를 찍는 곳에 거의 도착할 무렵 조그만 다리를 하나 건너가게 되는데, 그곳에 '썩은 섬'이란 안내문이 있다. 평상시에는 육지와 떨어져 있는 섬이었다가 해수면이 낮아지는 저조시에 주변보다 해저 지형이 높은 해저면이 노출되면서 육지와 섬이 연결되는 현상이다. 하루에 두 번 간조 때마다 바다가 갈라지는 모세의 기적이 일어나 뭍에서 섬으로 걸어서 갈 수 있다.

서건도는 수중 화산으로 섬 자체만으로도 귀중한 가치를 갖는다. 아름다운 산책 코스와 쪽빛 바다가 어우러진 바다 위의 작은 정원이다. 이섬은 원래 썩은 섬이었다. 섬의 토질이 죽은 흙과 같아서 썩은 섬이라 불렀다. 그런데 썩은 섬이란 이름이 좋지 않아 나중에 서건도라 고쳐 부르게 되었다. 『탐라고지도』에는 '부도'라고 기록되어 있다.

올레 7쉼터 카페이다. 이곳은 7코스 시작점에서 11㎞ 지점이다. 쉼터 카페는 폐자전거와 나무 의자에 노랑, 파랑색이 칠해져 있어 동화 속 풍경 같은 느낌을 준다. 옛날 우리들이 사용했었던 폐품을 모아 철망에 걸어 옛 추억을 생각나게 하며, 이 폐품이 하나의 작품처럼 보이면서 카페의 분위기를 한껏 높여 주고 있다.

길은 악근천 주차장을 끼고 돈다. 악근천에는 바닷가 우체국이 있으며, 길은 바다로 이어지고 나무 사이로 범섬이 그림같이 보인다. 길은 강정천의 주상 절리대를 지나게 되는데, 이곳 주상 절리대는 4~6각형의 커다란 기둥으로 되어 있는 것이 다른 곳의 주상 절리대와 다르다.

우리가 3일간 숙박했던 캔싱턴 리조트를 지나간다. 해변가에 자리 잡은 리조트가 파란 하늘 아래 멋진 궁전처럼 보였다. '살면서 쉬운 일은 하나도 없지만 힘을 내요'라는 문구가 이 글을 읽는 사람들을 위로한다. 스탬프가 찍힌 편지 봉투 형태의 포토존에서 기념사진을 찍는다. 나중에 사진을 보니 마치 영화 속 장면처럼 보였다.

소나무 숲을 빠져 나와서 길을 걸었다. 서귀포 공설 운동장도 보이고, 메스컴에서 많이 보았던 말도 많고 탈도 많은 강정 해군 기지도 보였다. 이 기지를 건설하는데 10년이나 걸렸다고 한다.

강정 마을에는 제주 해군 기지가 들어서 있는 곳으로 10년 전부터 일부 주민들이 반대 데모를 하고 있는데 지금까지도 이어지고 있다. 우리가 지나는 중에도 20여 명이 모여 확성기를 틀고 단체 시위를 하는 중이었다.

해변가 도로를 따라 계속 걸으면 크루즈 터미널도 지나고, 옛날 운영하던 올레 쉼터도 지난다. 다시 길을 계속 걷다 보면 조그만 포구가 나온다. 이곳이 월평 포구다. 포구는 움푹 들어간 지하방처럼 발아래에 터를 잡고 있다. 서너 척의 고깃배가 닻을 내리면 딱 맞을 만큼 작고 아담한 포구다. 다시 굿당 산책로를 지나 7코스 종착지인 아왜낭목에 도착하여 계획된 일정대로 오늘의 트레킹을 마무리했다. (2019. 1. 30)

나를 버리고, 나를 찾아가는

나를 버리고

나를 찾아가는 길,

올레길 따라 나선 친구는
외돌개를 지나
섶섬 문섬 범섬 바라보며
풍경에 반한다

아름다운 제주
그 삶을 사랑하고 싶어 찾아 나선
가도 가도 끝없는 길
구름처럼 꽃 피우며
허공을 수놓는다

제대로 걸었을까 지도 펼치니
길이 길의 끝을 물고
길이 길게 이어진
나를 찾아가는 올레길이다

꼬리 흔들며 따라오는
강아지를 보며
그 모습에서 나를 찾는데
애절한 눈빛이 걸린다

7-1코스

삶의 동그라미를 완성하다

서귀포 터미널 → 대신 중학교 → 월산동 입구 → 엉또 폭포 → 풀낭 숲길 → 고근산→ 제남아동복지센터 → 봉림사 → 하논 분화구 → 걸매 생태 공원 → 제주 올레 여행자 센터(15.7㎞, 5시간)

오늘 걷게 되는 올레길인 7-1코스는 제주 올레길 중 마지막 순서로 걷는 코스다. 이 코스를 걸으면 전체 26개 코스, 425㎞를 완주하게 된다. 7-1코스를 완주하고 끝나는 지점에서 인증 스템프를 찍고, 그곳에 있는 올레 여행자 센터에서 완주증과 완주 메달을 받을 계획이다.

오전 일찍 올레길 14-1코스인 저지- 오설록 코스를 마치고 7-1코스를 서귀포 버스 터미널에서 시작했다. 월드컵 종합 경기장에 주차를 하고 200미터 정도를 걸어가면 시작점이다. 이곳에 제주 올레 센터가 있다.

사무실에 있던 여직원이 우리를 발견하고 나와서 커플 사진을 찍어 주었다. 이 코스가 올레길 마지막 코스라고 말하니 대부분 올레꾼들이 끝나는 지점에서 완주 증서를 받기 위해 이곳을 마지막 코스로 선택한다고 했다.

올레길은 도로를 건너야 한다. 각 주요 도시 간의 거리가 표시되는 '서귀포시 도로 원표'가 세워져 있다. 공원을 가로질러 올레길로 들어간다. 주택가를 걸어가는데 서귀포 신시가지답게 고급스러운 아파트가 많이 보였다. 올레길은 대신 중학교 맞은편 길로 들어간다.

바다가 보이고 고급스럽게 건축된 갤러리를 지나간다. 전망이 좋은 언덕 위에 세워진 교회를 지나면 메인 차도를 만난다. 이 도로를 건너가면 엉또 폭포로 가는 길이다. 이 길을 따라 600미터 정도 걸으면 엉또 폭포가 나온다.

서귀포 신시가지 아파트

청춘, 제주 올레길을 걸어라

엉또 폭포의 "엉또"는 "엉"의 입구라고 하여 붙여진 이름이다. "엉"은 작은 바위 그늘집 보다 작은 굴, "또"는 입구를 표현하는 제주어이다. 엉또 폭포는 보일 듯 말 듯 숲속에 숨어 지내다 한바탕 비가 쏟아질 때면 위용스러운 자태를 드러내는 폭포이다.

높이 50미터에 이르는 이 폭포는 주변의 기암절벽과 조화를 이뤄 독특한 매력을 발산한다. 폭포 주변의 계곡에는 천연 난대림이 넓은 지역에 걸쳐 형성되어 있어 사시사철 상록의 풍치가 남국의 독특한 아름다움을 자아낸다.

물이 없는 엉또 폭포

건천으로 평소에는 물이 없으며 폭포수의 대장관을 보려면 한라산 중산간 지역에 70㎜ 이상 비가 내려야 볼 수 있다. 비가 내리지 않은 지금은 멋진 폭포를 볼 수가 없다. 그러나 이곳에 서 있으면 물이 흘러 내릴 때의 장쾌한 폭포 소리가 들리는 듯하다. 그 아쉬움을 대신해 옆에 있는 무인 카페에 들어가 동영상으로 엉또 폭포를 감상했다.

무인 카페에는 냉장고에 감귤 원액 주스가 몇 병 진열되어 있었다. 한 병에 3천 원이다. 무더위 속에서 길을 걸은 후라서 아주 시원하고 맛있다. 계산은 나무로 만든 커다란 돈 통에 현금을 넣거나 계좌 이체가 안내되어 있다. 올레꾼들을 위해 그밖에 컵라면, 과자 등을 판매하고 있다.

엉또 폭포를 나와서 리본을 따라 걸으면 서울의 고급 주택가인 평창동 분위기를 풍기는 신월동천 마을을 지나가고, 고근산으로 이어지는 숲길을 만난다.

고근산 오름은 서귀포 신시가지를 감싸고 있는 기생 화산이다. 관광객보다는 주변에 사는 주민들이 운동 삼아 즐겨 찾는 오름이다. 오름을 걷는 길이 좋아 어느 정도 높이까지는 차를 가지고 갈 수도 있다.

오름 초입 계단을 올라가면서 삼나무 숲길이 시작된다. 햇빛을 받은 나뭇잎들은 초여름의 싱그러움이 넘쳐 흐른다. 완만한 경사의 오르막 계단을 오르면 고근산 정상이다. 안내판에는 "밤에 보면 보석처럼 빛나는 고깃배의 집어등과 서귀포 칠십 리의 야경이 멋지다"라고 소개되어 있다. 언젠가는 밤에 올라와 서귀포시의 야경을 감상하고 싶다는 생각이 들었다.

청춘, 제주 올레길을 걸어라

고근산 오르는 길의 삼나무 숲

　고근산 정상에는 체력 단련 기구가 설치되어 있고, 두 곳의 전망 데크가 만들어져 있다. 제주의 상징 한라산과 푸른 빛이 완연한 서귀포의 바다 풍경이 멋지게 조망된다. 맑은 날에는 마라도에서부터 지귀도까지 서귀포 칠십 리 풍광이 한눈에 들어온다. 날이 좋을 때에는 저 멀리 지귀도에서부터 마라도까지의 풍광들이 선명하게 보인다.

　고근산이라는 지명에 대하여는 여러 가지 설이 있다. 옛날부터 고근산 아래에 있는 중산간 마을 이름이 호근리(好近里)다. 600여 년 전에 들어선 굉장히 오래 된 큰 마을이다. 호근리는 그 후 호근리와 서호리로 행정 구역상 분리가 되었고, 지금은 서귀포시가 되면서 호근동, 서호동으로 불리고 있다.

원래는 한 마을이고 지금도 어디가 경계인지 모를 정도로 마을이 붙어 있다. '고근산'이라는 지명은 '호근산'이라는 데에서 유래했다는 설이 있다. 그런가 하면 주변에 산이 없이 외롭게 혼자 있다고 하여 '고근산(孤近山)'이라는 지명이 생겼다고도 하지만 정설은 없다. 지금은 '고근산'으로 불리고 있다.

고근산(孤根山)은 표고 396m로 깊지 않은 원형 분화구를 가지고 있다. 야트막한 분화구 둘레인 오솔길을 따라 걷다 보면 바다 위로 띄엄띄엄 섶섬, 문섬, 범섬이 손에 닿을 듯 눈에 들어온다. 분화구를 따라 한 바퀴 거의 돌았을 즈음 한라산이 떡하니 눈에 가득 들어온다.

고근산에는 제주의 1만 8,000신(神)들 중 대표 여신인 설문대할망에 얽힌 이야기가 전해 온다. 키가 매우 컸던 설문대할망은 한라산을 배게로 삼고, 고근산 분화구에 엉덩이를 얹고, 범섬에 다리를 걸치고 누워서 물장구를 쳤다고 한다. 굉장한 상상력을 가지고 만들어 낸 재미있는 설화이다.

올레 7-1코스의 중간 스탬프를 찍는 곳은 고근산 정상에 있다. 표지판을 따라 제주 올레길 7-1코스 이정표를 보고 내려간다. 도로를 따라 걸

청춘, 제주 올레길을 걸어라

었다. 길을 걷다 보면 중간에 조성 중인 석목원이라는 돌 정원을 만난다. 지금은 공원을 조성 중이라 무료 관람이 가능하다. 시간상 입구에 서서 전체 분위기만 느껴 본다.

도로를 따라 곧장 걸어가면 호근동이라는 교통 안내판이 보이고 바다가 시원스레 내려다보인다. 제남아동복지센터를 만났다. 원래 이곳이 올레 7-1코스 중간 스탬프를 찍는 곳이었으나 지금은 고근산 정상으로 변경되었음을 알려 주는 안내글이 있다.

서호 마을을 지나간다. 올레 안내 표지를 보니 11㎞ 지점을 지나가고 있다. 다음 코스인 하논 분화구, 봉림사 방향 이정표를 보고 계속 걸어갔다.

봉림사는 창립 연대가 미상이나 서귀포의 포교 활동을 위해 1929년 최혜봉 스님에 의해 용주사라는 명칭으로 세워졌다. 대웅전에는 주불

봉림사 전경

석가모니 불상과 좌우에 관세음보살상, 대세지보살상이 모셔져 있다.

동양 최대의 미르형 분화구인 하논 분화구를 지나간다. (하논은 큰 논이라는 뜻이다.) 하논 분화구에는 꽤 넓은 농지가 조성되어 있다. 수만 년 동안의 생물 기록이 고스란히 담긴 살아 있는 생태 박물관이다. 분화

구에서 용천수가 솟아 제주에서는 드물게 농사를 짓는 곳이다. 그래서인지 푸른 논이 넓게 펼쳐져 있다.

엉또 폭포 무인 카페에서부터 몇 번 마주치면서 동선이 겹치게 된 다른 올레팀과 앞서거니 뒤서거니 걷게 되었다. 30대 초반의 여성들이 팔을 흔들며 힘차게 걷는다. 바쁘게 걸으면서 특정 장소를 사진에 담는다. 나도 사진에 담으려고 생각했는데 그들도 사진에 담는 것을 보니 서로 보는 눈이 비슷한가 보았다. 그들과 자주 동선이 겹쳐서 걸어가니 산티아고 순례길을 걸으며 다른 외국인 순례객들과 우연히 몇 번이나 만났던 추억이 떠올랐다.

7코스 올레 센터

급경사의 데크 계단을 올라가면 하논 분화구 방문자 센터를 만나고 올레길은 걸매 공원으로 이어진다. 공원은 인위적으로 아기자기하게 잘 조성되어 있고, 상당한 양의 계곡물이 공원을 가로질러 흐른다. 이곳에만 해당되는 하영올레 표지가 별도로 있다.

드디어 종착점인 제주 올레 여행자 센터에 도착했다. 만보계를 보았더니 오늘 걸었던 2개 코스의 올레길 거리는 25㎞, 43,814보를 걸었다. 하루에 걸은 거리로는 꽤 많이 걸었다. 패스포트에 마지막 인증 스탬프를 찍는데 올레 센터 유리창에 "걸었더니 배고프다"

라는 글이 붙어 있다. 강렬한 문구로 눈에 확 들어왔다. 사실 배도 고프고, 더운 날씨에 오랜 시간을 걸었더니 심한 갈증으로 목이 말랐다. 1층 올레 여행자 센터에 들어가자마자 치킨 샐러드에 생맥주를 주문했다. 시원한 목 넘김의 생맥주 맛이 일품이다.

　전체 26코스, 425㎞ 올레길. 모든 종주를 마쳤다. 센터 직원이 건네주는 올레 관련된 설문서를 작성하고 완주 인증서와 완주 메달을 받았다. 내가 7,557번째 올레길 완주자라고 한다. 직원이 기념 인증 사진을 찍어 준다. 올레 홈페이지 '명예의 전당'에 올릴 것이라고 한다. 테이블에 앉아 있던 다른 올레꾼들이 자기 일처럼 축하 박수를 쳐 주었다. 하루에 많은 거리를 걸어 몸은 피로했지만 정말 기분 좋고 행복한 날이다. (2021. 6. 7)

올레길 완주 증서를 받으며

올레길 걸으며 들꽃을 만나다

맑은 눈으로 들꽃을 보자
향기는 없어도
마음으로 다가오는 꽃

아침 이슬 채 마르기 전
그냥 바라만 보자

아무렇게 피어 있는 것 같아도
나름 지조가 있다

조심조심 산길 걷다
여기저기 피어 있는 들꽃에
눈길 한 번 주자

거친 대지의 무게를 이겨 낸
귀여운 얼굴
마음을 맑게 해 준다

방긋 웃는
호기심 많은 표정

아무것도 모르고 좋아
어쩔 줄 모르는

아기 들꽃을 보니
나도 기쁘다

너무 감사하구나
너의 곁에서
걸음을 뗄 수 없구나

지나가는 바람
미소 짓는 아기 들꽃

말없이 그냥
들꽃을 바라만 보다가
다시 길을 간다

8코스

천혜 비경 주상 절리와 함께하는 길

가을이 한층 깊어진 11월이다. 올레길을 계속 이어가기 위해 제주를 찾았다. 제주 공항에 오전 8시에 도착했다. 비행기 창을 통해서 봤던 날씨와 달리 제주에는 이슬비가 내리고 있다. 당초 계획은 한라산 윗세오름을 먼저 오른 후 올레길을 걸으려고 했다. 하지만 비 때문에 계획을 수정하여 비가 내려도 편안하게 걸을 수 있는 올레길을 먼저 가기로 했다.

공항에서 100번 시내버스를 타고 시외 터미널로 갔다. 다시 782번 시외버스를 타고 중문 관광 단지 입구에서 내렸다. 이곳에서 다시 택시를 타고 8코스가 시작되는 월평 마을에 도착했다. 북쪽(공항)에서 남쪽(월평)으로 내려오니 이 지역은 비가 내리지 않았다. 기분 좋게 올레길을 시작했다.

올레길은 1982년에 창건된 동양 최대 크기의 법당이라고 알려진 약천사를 지나간다. 달을 품은 월평 마을의 아왜낭목에서 30분 정도 걸으면 약천사에 도착한다. 경내에 들어서면 으리으리한 규모에 먼저 압도당한다. 대적광전(대웅전) 안으로 들어가 천장을 올려다보면 내부 높이가 25미터나 된다. 3층으로 이루어진 구조이고 좌우에 계단이 있다. 2층이나 3층에 올라가 내려다보면 법당의 웅장한 분위기를 제대로 느낄 수 있다. 이곳 마당에 서면 드넓은 서귀포 바다가 시야에 가득 들어온다.

친구들과 약천사 앞에서

약천사의 이름은 사철 마르지 않는 약수가 솟는 곳이라는 특징에서 유래되었다. 그 전에는 약수암이라는 작은 암자가 있었다. 무오법정사 항일 운동 당시 일제에 끌려갔다가 옥고를 치르고 나온 스님이 출소 후 몸조리를 위해 한동안 머문 곳이며 1960년대 유학자가 신병 치료차 굴 속에서 100일 기도를 올리던 중 꿈에 약수를 받아 마신 후 건강을 회복하였다고 전해지고 있는 곳이기도 하다.

약천사를 지나 조금 걸어서 대포 포구 바닷가에 도착하니 소금기 머금은 바람이 얼굴에 흠뻑 닿는다. 보통 바닷가에서 느낄 수 있는 짭쪼롬한 그런 바람과는 느낌이 다르다. 이처럼 상쾌한 바람은 제주 바다가 주는 소중한 선물이란 생각이 들었다.

고즈넉한 월평 포구를 올라와 숲길을 걸었다. 왼쪽을 쳐다보니 시커멓고 위압적인 바다가 시야에 들어온다. 바닷가에 병풍처럼 둘러쳐진 기암의 모습에 압도된다. 오른쪽에는 열대 지역처럼 무수한 야자수가 군락을 이루고 있다.

잠시 두 팔을 벌려 바다를 품어 본다. 손과 팔 사이, 온몸에 바람이 파고든다. 몸을 움추려 작게 만들어 보았다. 그러자 바람은 나를 비껴가고, 그 자리에 약하나마 살며시 햇살이 비친다.

친구와 함께 앞서거니 뒤서거니 걸었다. 범섬도 우리를 따라서 온다. 범섬은 사람이 살지 않는 섬이다. 큰섬과 새끼섬으로 이뤄져 있는데 멀리서 보면 큰 호랑이가 웅크려 앉은 형상이다. 육지에서 정면으로 보면 호랑이 콧구멍처럼 생긴 바위도 보인다. 지금은 무인도지만 50~60년 전만 하더라도 사람이 거주하면서 가축을 방목하고 고구마 농사를 지었다고 한다.

범섬을 지나면 고급 저택의 정원처럼 잘 단장된 산책길을 만나게 된다. 대포동 주상 절리 가는 길이다. 올레길은 주상 절리를 지나가게 되어 있다. 입장료를 내고 안으로 들어갔다. 주상 절리를 가까이에서 잘 볼 수 있도록 데크가 만들어져 있다.

　서귀포 중문동과 대포동 해안 2킬로 미터에 걸쳐 주상 절리가 있다. 자연이라는 예술가가 잘 다듬어 놓은 조각품이다. 높이가 30미터 정도 되는 사각형, 육각형의 돌기둥들이 겹겹이 펼쳐져 있다. 이런 주상 절리 는 분화구에서 흘러내린 섭씨 1,100도의 용암이 바다에 이르러 급격히 냉각하는 과정에서 수축 작용과 균열 현상이 일어나면서 자연스럽게 만 들어졌다.

◀▼ 주상 절리

태고적 신비를 간직한 주상 절리를 배경으로 여행객들이 사진을 찍는다. 실제 보여지는 것만큼 사진이 잘 나와서 멋진 추억을 간직할 수 있었으면 좋겠다. 주상 절리를 바라보는 전망데크에서 수평선을 바라보면 왼쪽에서부터 마라도와 가파도, 송악산, 모슬봉이 차례대로 보인다. 조금 도톰하게 올라와 있는 섬이 마라도이고 옆으로 길게 늘어져 있는 섬이 가파도다. 마라도 보다 가파도가 큰 섬이고, 제주에서 더 가깝다.

국제 컨벤션 센터를 바라보며 걸어가다 보면 제주 민속 문화를 디자인으로 응용한 시에스 호텔 리조트를 지나가게 된다. 다시 큰 길가로 나와 베릿내오름을 향해 걷는다. 베릿내오름에 올라서면 한라산 아랫동네와 제주 컨벤션 센터, 중문 포구가 시원스럽게 보인다. 베릿내오름을 휘어감는 산책로를 따라 내려가면 조금 전에 올랐던 오름 시작점을 만난다.

색달해변의 포장마차에서

인근의 중문 해양 리조트 퍼시픽 랜드 경내로 들어가 색달해녀의 집 바로 옆 돌계단으로 내려간다. 바로 앞이 바다이고 해변 바위에 차려진 자연 식당에서 해녀들이 갓 잡은 수산물을 빨간 고무 대야에 놓고 팔고 있었다. 자연산 전복이나 참소라, 해삼, 멍게 등 싱싱한 해산물을 저렴한 가격으로 맛볼 수 있다. 참새가 방앗간을 못 지나치듯 그냥 지나칠 수가 없었다. 참소라와 해삼 안주에 소주 몇 병을 순식간에 비웠다.

청춘, 제주 올레길을 걸어라

갓 채취한 해산물 파는
파도 옆 포장마차

푸른 소주 한잔 속에
바다가 잠겼으니

사람도 바다처럼
푸르게 보이는구나

　해안길을 걸어가면 팝콘을 엎질러 놓은 듯 흐드러지게 피어 은빛 물
결 출렁이는 억새, 푸른 바다가 무한하게 펼쳐진 풍경을 만난다. 문득
고개를 들면 회색빛 하늘 아래 오름이 하나 보인다. 군산오름이다. 그
모습이 마치 양쪽에 뿔이 달린 투구처럼 보였다. 군산오름을 옆에 두고
걷다 보면 해수와 담수가 만나는 논짓물이 나온다. 여름철에는 노천 수
영장을 대신한다.

　하례 포구를 걷는다. 송악산과 형제봉이 겹쳐지고, 산방산과 박수기
정이 오버랩된다. 대평리에 거의 당도한 것이다. 대평리는 성산일출봉
과 함께 제주를 대표할 수 있을 정도의 아름다움을 간직한 곳이다. 깎
아지른 절벽의 박수기정이 고즈넉하게 자리 잡은 포구를 두 팔 벌려 안
고 있다. 바다가 잔잔한 날이면 오른쪽에 둘러선 돌 병풍 박수기정과 수
평선에 떠 있는 마라도와 가파도, 형제섬, 그리고 바다를 향해 기다랗게
뻗어 나온 송악산과 모슬봉, 군산오름이 두루마리 산수화를 펼쳐 놓은

듯 아름답다.

박수기정 전경

우리가 걷고 싶은 길은

허영선

우리가 걷고 싶은 길은
바닷길 곶자왈 돌빌레 구불구불 불편하여도
우리보다 앞서간 사람들이 걷고 걸었던 흙길

들바람 갯바람에 그을리며 흔들리며

걷고 걸어도 흙냄새 사람 냄새 풀풀 나는 길

그런 길이라네

우리가 오래오래 걷고 싶은 길은

느릿느릿 소들이, 뚜벅뚜벅 말들이 걸어서 만든 길

가다가 그 눈과 마주치면 나도 안다는 양 절로 웃음 터지는

그런 길, 소똥 말똥 아무렇게나 밟혀도 그저 그윽한 길

느려터진 마소도 팔랑팔랑 나비도

인간과 함께하는 소박한 길

그런 길이라네

정말로 정말로 우리가 가꾸고 싶은 길은

모래 언덕 연보라 순비기향 순박한 바당올레

11월에 찾은 올레길. 이슬비 머금은 가을 바람을 맞으며 걷는다. 아름다운 한 폭의 풍경화 속으로 빠져들며 이 계절을 음미하면서 천천히 걸었다. 제주에서만 볼 수 있는 검은빛 현무암으로 만들어진 돌담 너머로 노란 감귤이 풍성하게 매달렸다. 탐스럽게 열려 있는 감귤을 따고 싶은 마음이 간절했지만 올레꾼의 예절을 지키며 참았다.

제주 바닷가를 걸으면 무언가 얻어지고, 허전한 마음이 채워질 거라고 기대했는데, 그건 나만의 바람이었다. 복잡한 서울을 떠나 여유로운

이곳에서 마음의 위안을 얻는 것으로 만족한다. 이렇게 장시간 길을 걷는 것은 마음을 비우는 과정이다. 걷다 보면 그동안 쌓였던 근심과 걱정이 사라지고, 내일을 위한 새로운 생각들이 떠오른다. 배가 고파야 음식이 생각나고 또 맛있게 먹듯이, 근심과 걱정이 사라져야 새로운 생각들이 떠오른다.

그동안 살아오면서 채우기에만 급급했으나, 이번에 제주 올레길을 걸으면서는 '비움'과 '내려놓음'을 많이 생각하게 된 것이 가장 큰 소득이다. 눈이 부시도록 파란 하늘과 바다를 기대했지만, 오늘은 날씨가 흐려서 회색빛 하늘과 잿빛 어둠이 가득한 바다만 보였다. 그래도 나름 운치가 있다. 말없이 계속 걸으면서, 바쁜 생활 때문에 돌아보지 못했던 나의 주변을 돌아봤다. 삶의 진정한 행복이 어디에 있는지 고민하면서 또 공감하면서 길을 걸었다. (2018. 11. 6)

제주 해변길

(1)

이슬비 맞아
더욱 까매진 바위가 찬란하다

찰랑대는 파도
까악거리는 새 소리가

귓가를 스친다

먼 바다로부터 바람이
파도를 부르니
내 마음에 잔잔한 물결이 인다.

꿈을 꾸듯
가만히 눈을 감는다

(2)

끊어질 듯 이어진 올레길
가벼운 마음으로
걷다 보면
아름다운 해변길
다시 숲길로 이어진다

철 지나 피어난 야생화
끈질긴 생명처럼
길게 펼쳐진
억새길
묵묵히 걸어간다

해변길 걸으며

바람 속으로

조개들 속삭이는 소리 들으며

끊어질 듯 이어진 길

마음에 닿는다

9코스

숲길 걸으며 바다와 산방산을 조망

대평 포구 → 박수기정 → 볼레낭길 → 월라봉 → 월라봉 전망대 쉼터 → 안덕 계곡 → 진모루 동산 → 개끄리민교 → 화순 금모래 해수욕장(7.4㎞, 2시간 30분)

대평 포구에서 화순 금모래 해수욕장까지 이어지는 올레길 9코스는 총 7.4㎞에 이르는 짧은 거리다. 하지만 거리가 짧은 만큼 산과 바다 등 다양하게 보여 주는 풍경은 올레길을 더욱 깊이 있게 한다.

저 멀리 산방산이 눈에 들어오고, 아름다운 기암절벽 박수기정과 인생샷을 찍을 수 있는 월라봉이 있다. 다른 코스에 비해서 거리가 짧아 부담스럽지 않다. 오전에 9코스를 끝내고 승용차로 이동하여 오후에 15코스를 걸을 예정이다.

9코스 출발지인 대평 마을에 도착했다. 아침 햇살이 바닷물에 부딪혀

반짝이는 아름다운 대평 포구를 보면서 마음의 여유를 가진다. 코스를 출발하기 전 패스포트에 스탬프를 찍으면서 오늘의 빡센 일정을 위해서 마음속으로 화이팅을 외친다.

　대평 마을 언덕에 있는 고급스러운 호텔 건물 위로 아침 해가 찬란하게 떠오른다. 올레길을 걷기 위해 오른쪽으로 포구의 해안가를 끼고 돌면 잔잔한 물결의 바다와 기암괴석이 장관을 이루는 풍경이 나온다. 오늘따라 유독 날씨가 좋아서인지 저 멀리 형제섬이 또렷하게 보였다.

　해안에서 바로 산길을 오르면서 본격적인 올레길 걷기가 시작된다. 대부분의 올레길은 평지에서 시작하지만 9코스는 바로 산길로 이어진다. 조금 높게 느껴지는 월라봉을 오르는 코스라서 올레 난이도가 상(上)으로 평가한다.

　숲속에 난 돌길로 된 경사를 올라가면 대평 포구를 조망할 수 있는 전망 장소가 나온다. 9코스는 작고 정겨운 대평 포구를 시작하여 '몰질'을 따라 걸으면 절벽 위의 드넓은 초원인 박수기정이 나온다. 박수기정은 지상 1미터 암반에서 1년 내내 샘물이 솟아 나와 이 물을 바가지로 마신다는 뜻을 가진 '박수'와 벼랑의 제주 사투리 '기정'이 합쳐진 독특한 지명이다.

　'몰질'은 말길이라는 뜻으로 말이 다니던 길이다. 고려시대, 몽골의 지배를 받았던 당시 박수기정 위의 너른 들판에서 키우던 말들을 대평 포구에서 중국 원나라로 싣고 가기 위해 만든 길이다. 이 길을 통해 마을 주민들도 말에 등짐을 지우고 다녔다.

　　　　　　　청춘, 제주 올레길을 걸어라

조금 숨이 가빠러질 때 평지가 나온다. 이렇게 높은 산간 지대에도 넓은 밭과 농장이 펼쳐지고 도로가 있다는 게 대단하다는 생각이 들었다. 평평한 들판에 오솔길이 있고, 귤밭과 감자밭, 콩밭, 배추밭이 연이어 보인다.

하얀 메밀꽃이 넓게 펼쳐져 아름다운 풍광을 보여 주는 곳을 지나고 나면 멀리 산방산이 눈에 들어온다. 높은 지대임에도 도로가 있고 농장 일을 하는 작업 차들도 다녔다. 인적이 없는 넓은 임도를 따라 아침 햇살을 받으며 여유롭게 걷는 기분이 매우 상쾌했다.

박수기정 절벽 위 메밀밭

올레길은 어떤 코스이던지 중간중간에 "이쪽으로 가라"라는 길을 안내하는 표식이 걸려 있다. 매번 올레길을 걸을 때마다 보이는 표식이지만 자주 보일수록 안심이 된다. 조금 걷다 보면 널찍하게 펼쳐진 푸른 바다가 보인다. 잔잔한 바다 위를 유유히 떠가는 어선을 바라보기만 해도 마음이 편안해진다.

날씨가 좋아서 가운데 형제섬을 중심으로 오른쪽의 가파도, 왼쪽 멀리 마라도까지 보인다. 대한민국 최남단에 있는 섬들을 모두 한눈에 마주하는 풍광이 경이로웠다.

산기슭에 난 길을 따라 계속해서 월라봉으로 향하는 길을 걷는다. 제주에서는 보리수나무를 볼레낭이라고 부르는데, 이름처럼 볼레낭이 우거진 길인 올레길 9코스 볼레낭길을 걸었다.

월라봉 오르는 길에서 산방산 조망

청춘, 제주 올레길을 걸어라

볼레낭길을 지나면 옛날 조선시대에 봉수대로 쓰이던 장소를 지나간다. 봉수대는 조선시대에 외적의 침입을 감시하기 위해 쓰던 통신 수단이다. 이곳 봉수대는 산방산 아래에 있는 산방 연대와 교신했다고 한다.

월라봉을 오르는 올레길에서 멀리 산방산이 보인다. 푸른 하늘 아래 웅장한 산방산이 아름답다. 왼쪽의 우뚝 선 공장 건물이 산방산의 아름다운 풍경과 어울리지 않아 아쉬웠다. 그 밑으로 펼쳐진 조그마한 시골 마을들은 한 폭의 그림이다.

월라봉을 향해 길을 걷다 보면 산방산을 마주하고 있는 곰같이 생긴 바위를 만난다. 이 바위를 그냥 지나치려다 멈췄다. 이곳에서 잠시 휴식을 취하며 산방산을 배경으로 포즈를 취하고 사진을 찍었다.

길 안내를 하는 이정표가 갈림길에서 이쪽으로 걸으라고 길잡이를 하고 있다. 작은 표식이 나무 기둥에 걸려 있는데 왠지 듬직해 보였다.

제주도 오름 중에는 일제 동굴 진지가 많은데 이곳 제주 올레길 9코스 월라봉에도 일제 동굴 진지가 많다. 1945년 일제가 패망하기 전 '결 7호 작전'이라는 군사 작전으로 제주도를 결사 항전의 군사 기지로 삼았다.

월라봉 동굴 진지는 바로 화순항으로 상륙하는 미군을 저지하기 위해 구축한 군사 시설이라 한다. 월라봉의 북사면 상단부에 모두 7개의 동굴이 확인되어

일본군이 만든 진지 동굴

유사시 다른 통로를 통해 대피할 수 있게 하였다. 폭 4미터, 높이 4미터, 길이는 총 80미터로서 동굴 외벽이 이끼와 야생풀로 가득해서 음침해 보였다.

동굴을 지나니 하산하는 길은 편안한 목재 데크길이 이어지고, 키가 큰 수수밭을 지나간다. 계속해서 종착지를 향해 걷는 길 옆에 귤 농장이 보였다. 아직 귤의 색깔을 제대로 갖지 못한 청색귤이 노란 색깔의 과실로 익어 가는 중이다.

걷다 보니 어느덧 드라마 촬영지로 유명한 안덕 계곡에 도착했다. 안덕 계곡은 깊고 울창한 절경을 간직한 계곡이다. 계곡을 둘러싼 원시 난대림은 천연기념물로 지정되어 보호받는다. 제주도에서도 가장 아름다운 계곡으로 꼽히는 곳이나 지금은 물이 흐르지 않는 계절이라 계곡으로서의 멋진 모습을 볼 수 없었다.

얼마 걷지 않은 것 같은 기분이었는데 남은 코스를 보니 3㎞가 채 남지 않았다. 9코스 자체가 거리가 짧아서 그런지 다소 심플하다. 안덕 계곡을 지나니 진모르 동산이 나왔다. 긴 능선을 이룬 야트막한 지형이라 해서 이름이 붙혀졌다. 근처에는 아래쪽 논에 물을 대기 위해 마을 사람들이 바위를 정으로 뚫어 만든 수로가 있다. 동산치고는 살짝 높았고지만 아름다운 진모르 동산 풍광이다.

진모르 동산을 내려가면 중간 스탬프를 찍을 수 있는 '개끄리민교'라는 재미있는 이름을 가진 다리에 도착했한다. 개끄리민교는 바위 속으로 개를 끌고 들어갈 정도로 물살 빠른 곳이라는 뜻이다. 스탬프를 찍는 순간 이제 올레길 9코스 종점이 1.3㎞만 남아서 그런지 거의 종점에 도착한 기분이 들었다.

다리를 건너면서 왼쪽 계곡을 바라보니 기암절벽을 끼고 흐르는 계곡이 절경이다. 종점으로 향하는 길목에 아름답게 펼쳐진 하얀 안개꽃도 눈부시다.

마을길을 걷다 보니 어느새 종착지인 화순항에 도착했다. 포구에는 밧줄에 묶인 고깃배들이 흔들거리고 산방산이 바다를 방석처럼 깔고 앉아 있다. 이전에 걸었던 다른 코스들보다는 거리는 짧지만 성취감은 그 이상이다. 준비된 패스포트에 스탬프를 찍으면서 제주 올레길 9코스 완주에 마침표를 찍었다.

올레길을 걸을 때마다 매번 느끼는 보람과 성취, 만족감이 크다. 올레길은 경험하면 할수록 짜릿하고 중독적이라서 이 발걸음을 멈출 수가 없다. (2020. 10. 18)

월라봉을 오르며

올레길 9코스 오르는
산기슭 길은 넓고 편하다

당신과 함께 걸으며
세상 살아가는 이야기를 하고

때때로 크게 웃으며
오랜 세월의 진한 情을 나눈다

날이 갈수록
세상 살아가기 팍팍하지만

함께 있으니
서로 위로되며 힘이 된다

월라봉에서 보는
바다 조망도 아름답고

산방산 보며 걷는 길은
마음이 편안하다

10코스

아름답고 걷기 좋은 송악산

화순 금모래 해변 → 산방산 → 사계 포구 → 세계 화석 발견지 → 송악산 주차장 → 송악산 전망대 → 해송길 → 섯알오름 추모비 → 섯알오름 화장실→ 하모 해수욕장 → 알뜨르 비행장 → 하모 체육 공원(17.5㎞, 6시간)

인류의 최고 발명품은 직립 보행이며, 걷기는 인간을 사색하고 성찰하게 만드는 최고의 명상 수단이다. 이 말은 2008년 올레길 10코스 개장 행사에 참석하여 축사를 하면서『태백산맥』소설로 유명한 조정래 작가가 한 말이다. 사람은 걸을 때 명상을 할 수 있다. 걸음을 멈추면 생각도 멈춘다. 좋은 아이디어는 걸을 때 많이 떠오른다. 걸으면 신체가 건강해지고 행복은 덤으로 따라온다.

예로부터 현인들은 걷기를 중요하게 여겼다. 독일의 하이델베르크 시(市)에는 '철학자의 길'이라 불리는 유명한 산책로가 있다. 헤겔, 하이데

거 등 수 많은 철학자들이 이 길을 걸으면서 철학 이론을 정립했다고 한다. 이런 철학자들의 생각 정리 습관 때문일까? 옛 현인이 남긴 말을 보면 걷기에 대한 예찬이 많다. 걷기의 중요성을 강조한 그들의 걷기 예찬을 생각하면서 올레길을 걸어 보자.

제주 올레길은 걷는 것만으로도 힐링이 된다. 올레길 중에서 아름답고 걷기 좋은 대표적인 길은 7~10코스라고 한다. 나는 몇 년 전부터 제주도에 올 기회가 있을 때마다 올레길을 걸었다. 그래서 본격적으로 올레길을 걷기 전에도 7~9코스는 여러 번 다녔다. 오늘은 올레길을 계속 이어 걷는다는 의미로 산방산과 송악산 둘레길이 포함되어 있는 10코스를 걸으려고 한다.

올레길 10코스의 시작은 화순 해수욕장에서 시작한다. 여기서 10코스 종착지인 모슬포 하모 체육 공원까지는 17.3㎞ 거리이다. 나무 그늘 아래에 세워진 올레 이정표가 길을 안내한다. 올레길을 걸을 때에는 보도 주변 기둥에 매어져 있는 리본을 따라가면 길을 잃을 염려가 없다. 워낙 여러 곳에 표시가 잘되어 있다.

산방산, 용머리 해안 지질 트레일을 따라 걷는다. 화순 곶자왈 탐방로 이정표가 가리키는 방향을 보고 산기슭을 올라간다. 산허리를 둘러싼 데크를 따라 걸으면 바다가 멋지게 조망된다. 은빛 물결이 넘실대는 억새길 너머로 산방산이 곁에 있다. 가뿐 숨을 돌리며 구름 한 점 없는 푸른 하늘을 올려다본다. 멀리 조각배 하나 떠가는 푸른 바다를 바라보며 잠시 휴식을 취한다.

놀멍 걸으멍 설렁설렁 산방산을 끼고 있는 둘레길을 걷다 보니, 산방산을 배경으로 하는 마늘밭과 펜션 단지를 지난다. 아직 찬 기운이 다 가시지 않았는데 노란 유채꽃이 피어 산방산을 더욱 돋보이게 했다. 산방산의 아름다움에 취하고 주변 풍경에 취해 걷다 보니 어느새 사계항에 도착했다. 사계항은 조선시대 관내 도요지에서 만든 토기를 "테우"로 운반했던 항구였다.

올레길 걸으며 보는 산방산

노오란 유채꽃 화사한

산방산 둘레길

바람길 따라
걸어가다 보면

우리도 유채꽃처럼
노오랗게 물들어 간다

올레길 10코스 맛집으로 알려진 '사계 바다'라는 식당에 들어갔다. 식사를 하러 온 손님들이 북적였다. 이 식당의 대표 메뉴인 해물 라면을 주문했다. 화로 두 개를 이어 붙여 만든 화구에 올려진 긴 철판에는 새우, 게, 조개, 오징어 등의 해산물과 콩나물이 가득하게 담겨져 있어 눈 호강을 시킨다. 식사 시간은 많이 지났다. 허기진 탓인지 해물 라면이 맛있는 건지 모를 정도로 만족한 점심 식사를 했다. 식사 후 '한국의 아름다운 길 100선'에 선정된 형제 해안로를 따라 걸었다.

제주 사람 발자국과 동물 발자국이 있는 화석 산지를 지나간다. 사람 발자국 화석은 우리 인류의 기원과 진화를 밝혀 주는 귀중한 자료일 뿐만 아니라, 당시 이 지역에 생존하였던 우리 조상들의 삶의 자취를 해석하고 자연과 문화를 이해하는 데 꼭 있어야 할 소중한 유산이다. 화석 산지의 지층은 해안가에 쌓인 응회암질 쇄설성 퇴적층이다. 방사성 탄소 동위 원소 연대 측정 자료에 의하면 약 1만 5천 년 전에 형성된 것이다.

송악산 입구에는 '송악산' 이름을 새긴 커다란 기념석이 있다. 10코스 중간에 있는 송악산 둘레길은 다른 올레길과 달리 가파도와 마라도를 볼 수 있으며, 길을 걷는 도중에 마라도 가는 배를 탈 수 있는 선착장도 지나간다. 또한 산방산과 형제 섬을 조망하면서 걷는 매우 아름다운 올레길이다.

특히 송악산 둘레길은 올레길로 유명해지기 전부터 경관이 워낙 멋진 곳이라서 드라마 〈대장금〉과 〈올인〉을 촬영했던 곳이다. 혹시 드라마를 봤다면 드라마에 나왔던 장면을 연상하면서 걸으면 더 의미가 있을 것이다.

송악산 올레길 입구

송악산 주차장에서 뒤를 돌아보면 산방산이 바다 위에 떠 있는 것처럼 아름답게 보인다. 그 뒤로 웅장하게 한라산도 보였다. 산방산은 해발 395m의 거대한 종 모양의 용암으로 이루어졌다. 점성이 강한 조면암질의 큰 용암이 분화구에서 서서히 흘러나와 멀리 가지 못하고 굳으면서 반구형을 이룬 것이다. 전설에 따르면 사냥꾼의 잘못 쏜 화살을 맞은 옥황상제가 화가 나서 산봉우리를 뽑아 던져 버린 것이 산방산이 되었고, 뽑힌 자리는 백록담이 되었다고 한다.

산방산 중허리에는 산방굴사(山房窟寺)가 있다. 그 천장 암반에서 떨어지는 물방울은 산방산의 수호신 '산방덕이의 눈물'이라고 전해지고 있다. 이 산방굴사에 가서 소원을 빌면 반드시 이루어진다고 하여 많은 사람들이 산방산을 찾는다.

산방산은 영주 10경의 하나로 산속에 방처럼 굴이 있다고 하여 붙여진 이름이다. 다른 화산 암벽과는 달리 산방산 암벽에는 천연기념물로 지정되어 있는 지네발란, 풍란 등 희귀 식물들이 자생하고 있다.

송악산 둘레길을 걸으면서 바다를 바라보면 1.8km 떨어져 있는 두 개의 바위섬인 형제섬이 서로 마주 보고 있는 것이 보인다. 형제섬은 길고 큰 섬을 본섬, 작은 섬을 웃섬이라 부른다. 본섬에는 작은 모래사장이 있고, 웃섬에는 주상 절리층이 일품이다. 형제 섬은 보는 방향에 따라 여러 개로도 보이며, 일출과 일몰의 모습이 장관이다.

둘레길을 걷다 보면 송악산 방향의 산 기슭 하단부에는 일제시대의 잔폐인 군사 시설로 만들어진 동굴 진지를 만나는데, 무려 60여 개나 있다.

송악산 해안 올레길

주차장에서 출발해서 약 30분 정도 은빛 억새 물결을 따라 걷다 보면 가파도와 마라도를 볼 수 있는 전망 좋은 장소가 나온다. 가파도는 1653년 표류된 네덜란드 선원인 핸드릭 하멜이 고국으로 돌아가서 저술한 책인 하멜 표류기에 실리면서 서양에 소개된 섬이다. 송악산에서 5.4㎞ 남쪽으로 떨어져 있는 섬으로 모슬포와 마라도 중간쯤에 자리하고 있다.

키가 큰 사람 조각상이 보였다. 알뜨르 비행장이 있는 곳이다. 황량한 벌판인 알뜨르 비행장을 지키고 있는 이 조각상은 최평곤 작가의 〈파랑새〉라는 작품이다. 동학 농민군이 사용했던 죽창에서 영감을 얻어 대나무를 엮어 만든 9미터 높이의 대형 조형물로 파랑새를 안고 있는 소녀를 형상화한 것이다. 뾰족한 죽창과 달리 부드러운 곡선으로 처리해 비폭력적 저항의 새로운 해법을 제시했다. 이 장소 그리고 이곳의 정서와 너무 잘 어울리기에 느낌이 색다르다.

'알뜨르 비행장'은 일제 강점기에 일본이 대정읍 상모리 아래쪽의 너른 벌판에 제주도민을 동원하여 건설한 군용 비행장이다. 1937년 중일 전쟁이 발발하자 일본은 이 비행장을 전초 기지로 삼아 약 700㎞ 떨어진 중국의 난징을 폭격하기 위해 오무라 해군 항공대의 많은 전투기를 '알뜨르'에서 출격시켰다. 그러나 1938년 11월 일본군이 상하이를 점령하자 오무라 해군항공대는 중국 본토로 옮겼고, '알뜨르 비행장'은 연습 비행장으로 남았다. '알뜨르 비행장'은 '마을 아래에 있는 너른 들판'의 뜻을 갖고 있는 대정읍 상모리 '알뜨르'에 조성되어서 붙은 이름이다.

멋진 생태계를 고스란히 담고, 푸른 바다를 배경으로 걷는 아름다운 송악산을 포함하는 올레길이다. 은빛 억새와 해송이 우거진 숲속 길을 걸었다. 17km 거리의 올레길 10코스는 대략 6시간 정도 걸렸다. 만약에 시간이 부족하다면 두 시간 정도 송악산 둘레길만 걸어도 충분하게 아름다운 절경을 즐길 수 있는 곳이다. (2018. 2. 25)

알뜨르 비행장에 있는 파랑새 조형물

동백꽃 반기는 길 걸으며

제주 바다
푸른 물이 아름답다

겨우내 움추리다
이제야 머리를 드는

동백꽃
붉은빛이 아름답다

바람 한 점 없는
바다,

해안선에는
고깃배 한 척 미끄러지고

떨어진 동백꽃에
마음이 울쩍

봄이
더욱 그리워진다.

동백꽃 피어나는
올레길

송악은
말없이 길을 내준다

10-1코스

가파도 청보리 사잇길을 걷다

여객선 매표소 : 운진항(064-794-5491)

승선 시간 : 운진항 10:00 ↔ 가파도 12:20

운임 : 12,000원 + 입장료 1,000원

상동 포구 선착장 → 청보리밭 → 소망 전망대 → 가파 초등학교 → 등대 → 해안
길 → 청보리밭 → 마을 → 선착장(4.5㎞, 2시간)

제주도에는 우리나라에서 가장 높은 한라산과 가장 낮은 가파도 섬이
있다. 가파도를 찾는 여행객들은 대부분 올레길을 걷기 위하여 온다. 가
파도의 보리밭 사이로 만들어진 제주 올레 10-1코스가 조성돼 힐링 공
간으로 명성이 높아지면서 찾는 사람들이 많아지고 있다.

가파도의 또 하나의 매력은 청보리와 함께 제주의 봄을 상징하는 유

채꽃도 관광객들의 마음을 사로잡는다는 점이다. 유채꽃이 활짝 피어 청보리와 함께 노랑, 보라꽃 세상을 이룬다.

코로나19로 인해 작년에 이어 올해도 가파도에서 열리는 청보리 축제는 취소되었다. 하지만 축제와 상관없이 녹색 물결치는 청보리의 풍경을 보고자, 또 올레길 인증을 위해 가파도를 찾기로 했다. 오히려 축제가 취소되어 조용한 가파도 여행이 될 것으로 기대감이 더 높았다.

가파도 마을 들어가는 길 옆 유채꽃밭

가파도를 가려면 운진항에서 배를 타야 하는데 예약을 하고 가면 편리하다. 가파도 정기 여객선 홈페이지나 전화로 출발 1일 전까지 예약할 수 있다. 주말인 경우 예약을 하지 않으면 배편이 일찍 매진되어 여행에 차질을 줄 수 있다.

청춘, 제주 올레길을 걸어라

전화 예약을 했는데 출발 40분 전까지 매표소에 도착해야 한다고 안내한다. 그렇지 않으면 예약이 자동 취소된다고 선박 회사에서 엄포성 문자가 왔다. 그 엄포에 눌려 매표소에 50분 일찍 도착했다. 가파도행 표를 구매하려는 많은 인파에 놀랐다. 선박 회사 직원이 일찍 나오라고 한 이유가 여기에 있었다.

운진항에서 가파도까지는 약 15분이 소요된다. 가파도는 둘레길을 걷는 섬인데 매표를 할 때 왕복으로 해야 하고, 섬에서 나오는 배 시간이 정해져 있다. 우리는 10시에 출발했으므로 가파도에서 12시 30분에 나와야 한다. 가파도에서 약 2시간의 여유가 있다. 만약에 배를 타지 못할 경우에는 최소 1시간 전에 매표소에 전화해서 다음 배를 타도 되는지 규정된 승선 인원 초과 여부를 확인해야 한다.

섬 여행 중에 가파도의 한 가게에서 얻은 핫 정보를 소개한다. 편도만 끊고 들어와서 나가는 시간에 맞춰 선착장 매표소에서 표를 끊으면 시간에 구애받지 않고 가파도 여행을 즐길 수가 있다고 한다. 하지만 어떤 변수가 있을지 모르니 일반적인 방식대로 정해진 배 시간에 맞춰 아쉬운 듯 여행하는 것이 좋을 듯 하다.

여객선을 타고 지정된 자리에 앉았다. TV에는 가파도 여객선 운행에 대한 설명이 나온다. 이 설명이 끝나고 영상은 가파도 풍경을 보여 주면서 가수 최백호의 〈가파도〉란 제목의 가요를 틀어준다. 푸른 청보리밭을 배경으로 경쾌한 음악이 흘렀다. '가파도에 가 봤어?'라며 시작되는

가사가 상당히 재미있는 대중 가요다.

가파도

가파도 가 봤어? (못 가 봤어)
청보리밭 보았어?(못 가 봤다니까)
청보리밭에 누워 눈을 감으면
어린 시절 떠올라 눈물이 나지
하동 포구에 바람이 자고 파도 넘어
한라산에 노을이 들면
바다로 나간 정든 얼굴들
올레길 따라 돌아 오겠지

(중략)

청보리밭에 누워 하늘을 보면
나두야 구름 따라 흘러간다네
가파도 가 봤어?

올레길 출발지에서 인증 스템프를 찍으면서 섬 여행은 시작되었다.
친구들 4팀 부부는 보고자 하는 것과 즐기는 방법이 다르니 각자 2시간
의 볼거리와 놀거리를 즐긴 후 선착장에서 다시 모이기로 했다.

청춘, 제주 올레길을 걸어라

골목을 들어서니 알록달록한 지붕의 집과 돌담 길을 따라 물감을 칠한 소라, 조개껍질로 단장 집들이 눈길을 끈다. 골목을 지나니 청록색 카펫을 깔아 놓은 듯한 청보리밭이 펼쳐졌다. 햇빛을 받아 더욱 푸르게 일렁이는 청보리밭이 섬을 다 덮을 듯 광활하게 펼쳐져 있다. 가파도 면적의 60% 가 청보리밭이다. 섬 밖은 푸른 바다가 넘실거리고, 섬 안은 청록색 보리와 연두빛 유채꽃이 물결치듯 넘실거린다. 온통 푸름 천지다. 보리밭이라는 동요가 입에서 절로 나온다.

가파도 올레길 시작점

보리밭 사잇길로
걸어가면

뉘 부르는 소리 있어
나를 멈춘다

옛 생각이 외로워
휘파람 불면

고운 노래가
귓가에 들려온다

둘러보면

아무도 보이지 않고

저녁놀 빈 하늘만

눈에 차 누나

　박화목 시인은 이 노래를 작시作詩하여 일약 이름을 널리 알리는 계기
가 되었다고 한다. 가곡 〈보리밭〉과 동요 〈과수원길〉의 작사가로도 유
명하다. 멀리 두고 온 고향 산천과 보리밭을 그리워하면서 박화목 시인
이 지은 시詩를 윤용하 님이 작곡해 〈보리밭〉이라는 노래가 탄생한 것
이다.

가파도 청보리밭

대부분의 사람들이 청보리밭에서 사진 찍으며 시간을 보낸다. 청보리밭과 조화를 이루는 유채꽃밭도 있다. 청춘 남녀, 부부, 친구 사이 사람들이 여러 포즈를 취한다. 청보리밭의 풍경을 찍고 있는 전문 사진 작가의 모습도 보였다. 청보리밭 사이로 바다 건너 마라도가 보였다. 산이 없는 가파도는 허허롭기만 하다. 하지만 그 넓은 광야가 청보리로 녹야청청이다. 보리밭 사잇길을 걸으며 봄날의 정취를 느끼면서 쪽빛 바다로 마냥 빨려 들어가 버릴 것만 같다.

청보리밭을 걷다 보면 소망 전망대를 만난다. 전망대 가기 바로 전에 몽골의 게르처럼 생긴 움막이 있다. 들어가면 종이와 펜이 준비되어 있고 여행객들은 소망을 적어 벽과 천장에 붙였다. 소망 전망대는 가파도에서 제일 높은 위치(해발 20.5미터)에 2.5미터 높이로 설치하여 제주 본섬과 한라산, 마라도, 그리고 푸른 바다를 한눈에 볼 수 있는 최적의 명소다. 매년 도민의 무사 안녕과 국태 민안을 기원하는 "한라 산신제"처럼, 이곳에서 한라산을 향해 설문대할망에게 소망을 기원할 수 있는 장소이다.

다시 마을로 들어가는 곳에 가파 초등학교가 있다. 섬마을의 작은 초등학교지만 1921년 신유년에 해을 김성숙 선생이 세운 6년제 초등교육 기관 신유의숙이 그 전신이다. 일제 치하에서 문맹 퇴치 교육과 민족 의식 고취가 필요하다는 생각으로 초등학생 20여 명을 모아 가르치면서 학교가 시작됐다. 육지의 큰 도시 못지않게 일찍 배움의 열정이 싹텄던 곳이다.

무인 카페 등대를 만났다. 이곳이 올레길 중간 스탬프를 찍는 곳이다. 여행객 대상으로 소라를 구워서 파는 노점이 그 옆에 있다. 한 접시를 주문해서 먹었다. 쌉쌀하게 갯벌의 찌꺼기가 씹히면서 바다의 냄새가 물컥 느껴졌다. 휴식 후 다시 올레길을 걸었다. 노랑, 보라빛 유채꽃이 넘실대며 푸른 바다와 조화를 이룬다.

해변을 따라 걷다 보면 방파제 위로 불쑥 올라온 두 개의 바위가 보인다. 안내글을 보니 '어멍, 아방돌'이다. 주민들은 어멍, 아방돌이라 부르며 이 바위에 사람이 올라가면 비바람이 불고 파도가 높아진다 하여 바위에 올라가는 것을 금기시하고 있다.

유채밭과 하얀 집

다시 청보리밭 사이에 있는 길을 지나간다. 바람에 청보리밭이 춤을 춘다. 청보리와 유채꽃이 어우러져 있는 멋진 펜션 건물이 눈을 사로잡는다. 그 너머로 우리나라 최남단에 있는 마라도가 손에 잡힐 듯 보였다. 가파도는 모든 것이 낮아 겸손한 섬이다. 날씨가 좋아 산과 바다, 섬들의 모습이 선명하게 보인다. 이런 멋진 풍경에 반해서 사람들이 가파도를 찾는다는 생각이 들었다.

친구들 각자는 가파도 투어를 마치고 선착장에 다시 모였다. 배가 출발하기까지는 아직 시간적으로 여유가 있었다. 카페를 겸한 매표소에는 많은 여행객들로 붐볐다. 표를 끊는 사람도 있고 매점에서 기념품이나 음료를 구매하는 사람들이 많았다. 한쪽 구석에서는 보리로 만든 미숫가루 무료 시음 행사를 하고 있다.

짧은 시간이지만 모든 것을 내려놓고 가파도에서 여유로움과 한적함을 즐겼다. 고즈넉한 돌담길, 보리밭 사잇길, 유채꽃 들판, 동화적인 벽화 마을, 해안길 등이 어우러져 더욱 제주스러운 가파도의 정취를 맘껏 누린 하루였다. (2021. 4. 7)

청보리밭 걸으며

꿈을 꾸듯
가파도에 왔다.
이곳은 아마 오래전
내가 살았던 곳 아닐까?

청보리밭에 부는
바람처럼
익숙한 길 걸으며 그저
스쳐 지나가듯.

모든 것 잊고
편안하게
당신과 함께하는 섬
마음의 안식처

반짝이는 등대의 불빛
소망 속에서
너와 나
행복한 추억이 쌓인다.

가파도에 대해서

제주도 주위에 있는 우도나 비양도, 마라도와 가파도 등의 섬들은 화산섬이다. 가파도는 제주도의 부속 도서 중 네 번째로 큰 섬이다. 제주에서 가장 제주스러움을 간직한 섬이다.

가파도는 대정읍 모슬포항에서 5.5㎞ 떨어져 있다. 가파도는 마라도의 2.5배 크기에 129가구 246여 명의 주민이 살고 있는 작지 않은 섬이다. 가파도 초등학교가 있는데 지금 10명의 학생이 있다.

전체적인 섬 모양이 가오리가 넓적한 팔을 한껏 부풀리며 헤엄치는 형상이다. 그래서 섬 이름도 섬 전체가 덮개 모양이라는 데서 따온 '개도(蓋島)'를 비롯하여 '개파도', '개을파지도', '더위섬', '더푸섬' 등으로 불린다.

섬은 아주 평탄하다. 최고로 높은 곳이 높이 20미터 정도로 구릉이나 단애가 없는 섬이다. 섬이 작고 나무가 별로 없는데도 불구하고 해수 담수화 시설이 잘되어 있어 물 사정은 좋다.

가파도는 1750년(영조 26) 제주 목사가 나라에 진상하기 위하여 소 50마리를 방목하면서 소를 키우기 위해 40여 가구 주민들의 섬 출입을 허가했다. 오랜 세월 동안 무인도였던 가파도에 이때부터 다시 사람들이 살기 시작되었다고는 하나 실은 그 전에도 사람들이 살았다.

가파도는 고부 이 씨를 비롯해 경주 김 씨, 김해 김 씨 등이 많고 과거에는 섬 내 혼인이 자유로워 겹사돈을 맺는 경우도 많아 친인척들로 구성된 '남이 안 사는 섬'이었다. 특히 가파도에는 선사시대의 유적인 고인돌이 많이 남아 있는 곳이다. 제주도 내에는 180여 기의 고인돌이 있는데 그중 135기가 가파도에 있을 정도다.

또한 가파도는 역사적으로 유명한 곳이다. 바로 우리나라가 처음으로 서양에 소개된 곳으로 추측되기 때문이다. 1653년 가파도에 표류했으리라 짐작되는 네덜란드의 선박인 스페르웨르호. 그 안에 타고 있었던 선원 헨드릭 하멜이 『하란선 제주도 난파기』와 『조선국기』를 저술함으로써 우리나라가 처음으로 비교적 정확히 서방에 소개되기도 하였다.

모슬포에서 가파도 가는 배 위에서 제주도를 보면 투구처럼 우뚝 솟아오른 산방산과 웅장한 송악산이 보인다. 그 산 너머 푸른색으로 단장

청춘, 제주 올레길을 걸어라

한 한라산이 여행자들의 눈을 사로잡는다.

가파도는 대한민국 최남단 마라도나 우도에 가려서 잘 알려지지 않는 섬이었다. 사람들의 마음에 마라도는 우리나라 국토의 최남단이라는 상징성 때문에 애착과 그리움을 가지게 되지만, 가파도는 어디에 있는 섬인지조차 모를 정도로 존재감이 전혀 없었다.

그러던 가파도가 청보리가 한창 피는 봄이 되면 여행객들로 붐빈다. 가파도의 자랑인 청보리가 푸릇푸릇하다. 해양성 기후로 인하여 밭작물이 잘 자란다. 4월이면 다른 지역보다 일찍이 온통 초록빛으로 물든다. 하늘과 땅과, 바다가 온통 푸르다.

11코스

자연과 하나되는 신비의 숲 곶자왈

하모 체육 공원 → 산이물 공원 → 대정 여고 → 모슬봉 정상→ 성당 묘지 → 정난
주 마리아 성지 → 신평 사거리 → 신평 곶자왈 → 정개왓 광장 → 인황동 마을 회
관 → 무릉 외갓집(17.3㎞, 5시간 30분)

그대 혹시 구름처럼 표표히 떠돌며

한 일주일 소요하고 싶다면

우선 핸드폰의 전원을 스스로 꺼 버리는 것이 옳다.

그리하여 그대와 연결된

모든 사람들의 관계에서 벗어났을 때 비로소

제주로 떠나야 할 것이다.

몇 년 전 제주를 여행할 때 어느 올레길에서 본 글이다. 누가 썼는지는 인터넷 검색을 해도 찾을 수 없었다. 요즘 같으면 누구라도 복잡한 도시를 떠나서 조용히 쉬고 싶을 것이다. 단, 그 전제 조건이 스마트폰과 멀어져야 한다는 것이다. 전화뿐만 아니라 모든 정보, 소식과 단절해야 진정한 휴식을 누릴 수 있다.

화창한 봄날에 올레길을 걸을 계획으로 제주도에 왔다. 제주 올레길은 하늘과 바다, 땅과 사람이 함께 어우러진 아름답고 정감이 있는 길이다. 조용히 길을 걸으며 생각하고, 걸으면서 심신을 맑게 정화시킨다.

제주 올레길 11코스는 하모 체육 공원에서 시작한다. 삶과 죽음이 공존하는 길이며 근대사와 현대사가 녹아 있는 올레길이다. 제주 올레 공식 안내소가 하모 체육 공원 옆에 있다. 우선 올레 인증 수첩에 스탬프를 찍고 나서, 안내소에 들어가 기념으로 올레 양말을 구입했다. 올레지기 직원과 이런저런 얘기를 나누며 11코스에 대한 정보를 얻었다.

시작부터 멋진 길이 펼쳐진다

제주 올레는 해외 도보 여행 단체와 손을 잡고 공동으로 홍보 마케팅을 하는 글로벌 프로젝트를 펼친다. 그중에서 제주 올레길 11코스는 '터키의 리키아율루 17코스'와 우정의 길을 맺었다.

봄날이지만 오전에 비가 내려서 피부에 닿는 바람이 제법 차다. 하지만 모슬포 바닷바람을 맞으며 가벼운 기분으로 걷기 시작했다. 일요일이지만 코로나19 때문에 올레길을 걷는 사람이 별로 보이지 않았다.

20분 정도 걸어가니 산이물 공원을 만났다. 산이물은 바닷가에서 솟는 용천수를 말한다. 물이 풍부하여 옛날에는 빨래터로 이용하기도 했다. 올레길을 걷다 보면 이렇게 용천수가 있는 곳을 많이 만나게 된다.

현대식 건축 재료인 시멘트로 지은 서산사를 지나간다. 1946년에 세워진 사찰이라고 한다. 길가에 접한 빈 공간을 통해 대웅전을 바라보며 지나간다.

바다와 돌담과 밭들이 어우러진 길을 따라 모슬봉으로 향한다. 제주도에는 368개의 오름이 있다. 우리말에서 오름에 대한 어원을 찾아보면 '오르다' 할 때의 '오르다'의 명사형인 '오름'에서 유래했다고 한다. 이제 바다가 보이는 해변길 걷기를 끝내고 조용한 마을을 지나 오름과 숲길을 걷게 된다. 그렇게 높지 않은 봉우리지만 모슬포 해변이 조망되는 오름에 올라 멋진 풍경을 감상한다.

제주에서는 한라산에서의 조망보다도 오름에서 보는 조망이 더 멋있는 곳이 많다. 정작 한라산에 오르면 사방이 탁 트여 제주도를 내려다볼 수 있을 것 같지만 도리어 앞의 봉우리나 빽빽한 삼림에 가려 아무것도 볼 수 없을 때가 많다. 이에 반해 오름은 그리 높지도 낮지도 않은 높이에서 탁 트인 주변 풍광을 즐길 수 있다.

제주 올레길 11코스는 모슬봉 정상으로 올라가는 잊혀진 옛길을 산불감시원의 조언을 받아 복원했다. 삶과 죽음이 공존하는 곳이라더니 숲으로 들어서니 공동묘지가 많이 보였다. 새소리도 숨을 죽인 조용한 숲길이다. 평일이라 그런지 한참을 걸어도 사람을 만날 수 없다. 봄날 햇살이 은근히 따사롭다. 바다를 거쳐 오는 끈적한 바람도 없다. 햇빛을 받은 풀잎들도 움직임 하나 없이 고요하다.

모슬은 제주도어 모살(모래)을 뜻하는 말이며, 평야 지대에 우뚝 솟아 있는 모슬봉은 모슬포에 있다고 하여 그 이름이 지어졌다. 모슬봉에서는 흔들리는 억새 사이로 드넓게 펼쳐진 제주 남서부 일대의 오름과 바다를 한눈에 바라볼 수 있으며 조선시대에 만들어진 봉수대가 있다.

묘지를 지나 전망이 좋은 숲속 입구에 중간 스템프를 찍는 간세가 있다. 스템프를 찍고 뒤돌아보니 멀리 한라산이 보이고, 산방산은 바로 눈앞에 있는 듯 가깝게 보였다. 우측으로는 넓은 들판을 품고 있는 아름다운 올레길로 유명한 송악산도 보인다.

푹신하고 신비스러운 숲속 흙길을 벗어나니 새로운 세계가 펼쳐진다. 모슬봉을 지나면서부터는 모든 길이 밭과 숲을 통과하는 평지이다. 마늘 주산지답게 보이는 대부분의 밭이 마늘밭이다. 이러한 밭들이 지루하다고 생각이 들 때 선물 같은 청보리 들판이 펼쳐진다. 물결치는 청보리밭과 아스라이 펼쳐진 농촌 길이 스페인 농촌 풍경과 흡사해 마치 작년에 다녀왔던 스페인의 산티아고 길을 걷는 듯한 기분이 들었다.

청보리 들판

　모슬포 천주교 공동 묘지와 가까운 곳에 백색의 순교자로 공경을 받는 '정난주 마리아 대정 성지'를 지나게 된다. 정난주는『목민심서』로 유명한 다산 정약용의 조카딸이며 국사 교과서에 나오는 황사영 백서 사건으로 순교한 황사영의 아내로 대정읍에 유배되어 관비로 살다가 생을 마감했다. 제주가 맞이한 첫 번째 천주교인이라고 한다. 그녀의 아들은 추자도에 유배되었다고 하며 지금도 그 자손들이 추자도에 살고 있다고 한다.

정난주 마리아 대정 성지

　황사영은 16세에 초시와 복시에 장원 급제할 만큼 정조 시대에 장래가 촉망되던 인물이었다. 정약현의 딸과 결혼한 이후 천주교의 지도자로 성장하게 된다. 그는 1801년 천주교에 대한 대규모 박해(신유박해)가 일어나자, 당시의 상황을 설명하고 청나라와 교황청의 도움을 청하는 편지를 쓰게 되었다. 그런데 이 편지가 청나라로 가기 전에 발각되었고, 그 내용은 조선 지배층에게 큰 충격을 주었다.

　편지에는 조선의 천주교도를 돕기 위한 방책으로 네 가지를 담고 있었다. 청나라 황제에게 탄원하는 것, 조선을 청나라의 속국으로 만드는 것, 당시 조선의 왕인 순조를 청나라 공주와 결혼시키는 것, 서양 천주교 국가에서 군대를 파견하는 것이 그 내용이었다. 이 사건으로 인해 천주교도는 조선의 지배층으로부터 외국과 항상 내통할 수 있는 사람, 즉 잠재적 위험 세력으로 낙인이 찍히게 되었다. 그리고 천주교를 사학, 곧 사악한 학문으로 취급하며, 천주교는 조선에서 큰 박해를 당하게 되었다.

이 사건은 종교 박해라는 측면도 있지만, 조선 후기 정치의 특징인 붕당 정치와 조선 후기 권력자들 사이에 있었던 고정된 사고, 즉 성리학만이 옳은 학문이라는 완고한 생각을 여실히 보여 주는 사건이었다. 당시 인조반정을 통해 집권한 지배층인 서인, 그중에서도 노론 벽파는 정조 등극 이후 피바람의 대상이 되었다. 그러나 순조 시대 정순 왕후의 수렴청정을 계기로 다시 권력의 중심에 서고, 자신들의 정적인 남인들을 제거하기 위해, 그리고 순조에게 위협이 되는 잠재적 왕권 도전 세력을 배제하기 위해 천주교를 빌미로 삼았다. 또 조선의 지배 통치 이념인 성리학의 기본 질서와 어긋나는 새로운 생각을 담고 있는 천주교가 확산되는 것을 받아들일 수 없었다. 자신의 생각을 지키기 위해서 새로운 생각을 가진 사람들을 몰살시켰던 것이다.

신평- 무릉간 곶자왈 올레는 제주 올레에 의해 처음 공개된 '비밀의 숲'으로 또 다른 감동을 안겨 준다. '나무와 덩굴 따위가 마구 엉클어져 수풀같이 어수선하게 된 곳'을 제주 말로 곶자왈이라고 한다. 여기 무릉 곶자왈은 종가시나무, 후박나무, 구실잣밤나무 등이 대규모의 군락을 이루고 있다. 보온, 보습 효과가 있으며, 열대 북방 한계 식물과 한대 남방 한계 식물이 공존하는 세계 유일의 독특한 숲이다. 밭일을 하다가 휴식을 취하고 있는 농부에게 물어보니 옛날에 소를 키우는 목장이었다고 한다.

밖에서 보기에 곶자왈은 그냥 평범한 숲이지만 안으로 들어갈수록 신비감이 더해진다. 하늘을 향해 걷는 듯한 오솔길을 걷다 보면 하얀 꽃이 핀 나무를 많이 만난다. 이 나무는 흰꽃과 가시가 많아서 '흰참가시나무'라고 부른다.

새소리, 바람 소리가 무거운 정적을 깬다. 신비롭기도 하지만 울창한 삼림은 살짝 공포감이 들 정도로 적막감이 들었다. 나도 모르게 숲을 벗어나려는 걸음이 빨라졌다.

무릉 곶자왈을 거의 1시간여 걸은 듯하다. 곶자왈을 나와 작은 시골 마을인 무릉리로 들어선다. 이 마을을 지나면 만나는 무릉 외갓집이 제주 올레길 11코스의 종착점이다. 무릉리는 제주에서도 오지로 꼽히는 중산간 부락이다. 이웃 신도리(구 도원리)와 더불어 산 좋고 물 맑고 깨끗한 공기 때문에 '무릉도원'으로 불렀다고 한다.

무릉리는 이 지역의 청정 암반수로 마늘, 풋마늘, 더덕, 브로콜리, 양배추, 양파, 미니 밤호박 등 다양한 밭작물을 재배하는 전형적인 농촌 마을이다. 2009년 1사 1올레 자매결연으로 벤타코리아라는 회사의 지원을 통해 '무릉 외갓집(www.murungdowon.net)'이라는 마을 공동 브랜드가 만들어지면서 브랜드 네이밍, 상표 디자인, 포장, 인터넷 쇼핑몰 구축 등 농산물의 안정적인 판매망을 구축하게 되었다.

마을 공동 브랜드인 '무릉 외갓집' 창고 앞에서

올레길 11코스를 걸으며 포구와 들판, 오름을 지나 곶자왈 숲까지 돌아보았고, 이곳에서 살아가는 사람들의 삶의 흔적을 보았다. 약간 아쉬움이 있지만 제주 특유의 숲 곶자왈을 지나갈 때는 말로 표현할 수 없는 감동을 느꼈다.

올레길 마무리를 위해 숙소가 위치한 중문 캔싱턴 리조트 부근의 '고집돌우럭 중문점'을 찾았다. TV 프로그램 〈생생정보〉에서 방영된 식당인데 소문처럼 맛있는 우럭조림 한 상으로 만족스러운 만찬을 했다.

(2020. 4. 12)

제주 바다를 찾아서

바다가 그리워 제주에 왔다

파도치는 해변가에서
그녀의 감미로운 음성이 듣고 싶었다

노래를 흥얼거리며 걷던
송악산 올레길
그곳의 풍경은 다채롭고
풍요로웠다

바다 냄새가 그리웠다

코발트빛 바다가
끝없이 이어지는 해안길 걷다가

파도 부딪치는 방파제에 서서
바다 냄새를 맡으면

바다 향이 온 몸에 물든다

비릿하고 싱그러운

파도 소리가 듬뿍 담긴
소라, 전복, 톳과 우뭇가사리 등

물질 해녀들이
바다의 향을 건져 올린다

푸른 하늘,
따사로운 햇살 받으며

올레길 걸은 날은
몸과 마음이 더 가뿐하다

이렇게 평범한 일상이
큰 행복이다

12코스

걸을수록 매력 넘치는 아름다운 길

무릉 외갓집 → 평지 교회 → 생태 연못→ 녹남봉 → 산경 도예→ 신도 포구 → 수월봉 → 엉알 해변길 → 자구내 포구 → 당산봉 → 생이기정길 → 용수 포구(17.5 km, 6시간)

사랑에 실패했든

삶에 속았든

인생사 공수래공수거

어둠 지나면 새벽이 오듯

힘든 시절 지나면

희망의 꽃 피리라

스스로 자신을 포기하지 말라

어제는 서울에서 떠나올 때 계획에 없던 우도를 다녀오고, 오늘은 올레길 3일째로 첫날 11코스에 이어 12코스인 무릉~용수 구간을 걸었다. 12코스는 해안을 따라 서귀포시 전역을 이어 가다가 제주시로 들어가는 첫 올레 코스다. 무릉 2리부터 용수 포구 절부암까지 들과 바다, 해변 길, 오름을 따라 이어지는 아름다운 길이다.

수월봉이 보이는 아름다운 해변

청춘, 제주 올레길을 걸어라

푸른 밭과 아무렇게나 쌓아 올린 듯한 돌담이 펼쳐진 길, 청명하게 푸른 하늘이 어울리는 멋진 날에 무릉 외갓집에서 발걸음을 시작한다. 넓은 들에서 바라보는 지평선은 아스라이 멀고, 한껏 위용을 드러낸 한라산의 모습과 끝없이 펼쳐진 넓은 바다는 옥색 물빛으로 가득하다. 코로나19 때문에 관심 가져 줄 사람이 적어진 검은 돌담 안의 청보리가 바람에 순응하며 사뿐사뿐 흔들거린다.

물이 있을 때는 신비한 분위기의 생태 연못이라는 도원 연못을 지난다. 하지만 지금은 물이 말라 있어서 연못은 초라했고 날벌레만 번잡스럽게 날아다니고 있다. 광활한 마늘밭 들판을 지나 녹남봉을 향해 걷는다. 녹남봉은 옛날부터 '오름에 녹나무가 많았다'고 해서 '녹남오름'으로 불리기도 했지만, 제주 4·3 사건으로 인해 불에 타거나 벌채가 되어 거의 소실되었다. 나무가 울창한 보통 오름으로 정상에서도 볼거리는 크게 없지만, 지나가는 길로서 올레길 12코스의 중심에 선다.

숲길을 따라 오름의 분화구를 절반 정도 걸었을 때 펼쳐진 산상 화원이 절경이다. 봄에 피는 꽃들이 화려한 모습으로 절정을 이루어 올레길을 걷는 여행객들에게 위안을 주기에 충분했다.

녹남봉을 등지고 바다를 바라보는 아담한 마을을 지난다. 옛 초등학교 건물을 폐교한 후 리모델링해서 도자기 체험과 판매를 하는 곳으로 변신한 '산경도예'에서 올레길 중간 스탬프 인증을 했다. 이곳 산경도예는 일부 공간에 도자기들이 진열되어 있으나 아직 공사 중인 곳도 있고

산경도예 내부

기대만큼 활성화되지 않았다. 산경도예 앞 잔디밭에는 옛날의 초등학교 모습답게 이순신, 세종대왕, 이승복 어린이 등 학생들 눈높이의 동상이 세워져 있다.

녹색 빛깔의 마늘밭과 감자밭을 보면서 신도리를 지나간다. 수월봉을 향해 걸으면 나머지 구간은 바다를 바라보며 해변을 여유롭게 걷는 길이다. 바람이 잔잔하게 부는 전형적인 봄 날씨를 보였다. 제법 햇볕이 따사롭고 바람은 포근했다.

그렇게 높지 않은 해발 78미터 높이의 수월봉에 오른다. 바로 아래가 낭떠러지여서 바다를 보면 제 높이 보다 더 높게 느껴진다. 해넘이 장소로 유명하고 날씨가 맑으면 바다를 붉게 물들이는 멋진 낙조를 감상할 수 있다. 서울과 직선 거리 470킬로미터 떨어져 있는 수월봉 정상에는 제주 서부 지역을 관측하는 종합 기상대가 있다.

수월봉은 약 18,000년 전 뜨거운 마그마가 물을 만나 폭발적으로 분출하면서 만든 고리 모양의 화산체 일부다. 서반부가 연안 조류와 해식 작용으로 깎여 만들어진 1.5㎞의 절벽은 화산재 지층이 기왓장처럼 차곡차곡 쌓여 병풍을 두른 듯 장관을 이룬다. 정상은 넓은 용암 지대이며 사방으로 탁 트여 조망이 좋다.

수월봉 옆으로 난 내리막길로 내려간다. 길은 마을과 바다 방향으로 나눠진다. 바다 쪽으로 들어간다. 파도에 깎여 주름치마처럼 굵은 주름이 잔뜩 잡힌 절벽 지층이 해안을 따라 병풍처럼 둘러져 있다. 바다 쪽으로 깎아지른 절벽인 엉알길, 일명 노을길이라고도 불리운다. 엉알은 '큰 바위' 즉 '낭떠러지 아래'라는 뜻이다. 과거와 현대가 공존하는 느낌의 엉알 해변을 걸었다. 바다와 차귀도 섬을 바라보며 걷는 경치가 좋은 곳이라 여유롭게 사진도 찍고 틈틈이 쉬어 가며 걸었다.

수월봉 엉알길

화창한 봄날

차귀도를 벗 삼아
엉알 해변을 걷는다

하늘은 하늘대로
바다는 바다대로
햇살은 햇살대로 따로 걷는다

그때 바람이
내 몸을 스치며
행복이라고 속삭인다

너무나도 아름다운 섬, 돌아가는 길을 막는다는 뜻을 가진 차귀도를 바라보며 걷는 엉알 해변길이다. 바닷가를 따라 길게 이어진 엉알 산책로는 정감이 가는 자구내 포구 마을로 이어진다.

아름다운 섬 차귀도가 손에 잡힐 듯 보이는데 거리가 불과 400미터밖에 안 된다. 차귀도는 제주도에 딸린 무인도 중에서 가장 크고 해안 절벽과 기암괴석이 절경을 이룬다. 차귀도는 넓은 의미로 말할 때 지실이섬, 상여섬, 생이섬, 형제섬, 차귀섬 등 5개의 섬과, 그 옆으로 떠 있는 누운 섬(와도)까지를 포함한다. 유람선을 타면 10분이면 갈 수 있고, 4㎞ 코스의 둘레길이 있다.

차귀도는 빼어난 풍광을 자랑하는 제주의 섬 중 하나로 아열대의 동식물이 매우 풍부해 천연기념물 제422호로 지정됐다. 차귀도의 본섬 역할을 하는 차귀섬은 대나무가 많아 죽도라는 이름으로도 불린다. 지금은 대나무보다 소나무가 군락을 형성하고 있다. 1911년 무인도인 차귀섬에 처음으로 사람들이 들어가 살았는데 1978년 8월 간첩들이 접선지로 이용될 수 있다고 하여 모두 철거되어 지금은 무인도다.

차귀도에서는 참돔, 돌돔, 벤자리 등이 잘 잡혀 낚시꾼들에게 인기가 많다. 차귀도 우측으로는 당산봉, 그 사이로 해변길을 따라 아담한 마을이 있고, 거대한 바람개비처럼 돌아가는 풍력 발전기가 한 폭의 그림처럼 눈에 담기는 곳이다. 그 너머로 아름다운 비양도가 있다.

차귀도의 왼쪽으로는 '고산 기상대'가 세워져 있는 수월봉이 보인다. 포구 길가에서는 바닷바람으로 말린 한치를 파는 가게들이 많다. 한치는 이 동네의 알아주는 특산물이다. 포구 길가에 줄을 매어서 한치를 말리는 풍경이 이채롭다. 심심풀이로 먹으려고 몇 마리를 구입했다. 산지라 생각해서 값이 쌀 줄 알았는데 그렇지는 않았다.

수월봉보다 더 높은 오름인 당산봉을 오른다. 하지만 그렇게 높지 않아 쉽게 오를 수 있다. 오름 자체는 평범하지만 전망이 좋은 곳이다. 푸른 바다와 어울려 날고 있는 갈매기 떼들을 벗 삼아 잠시 휴식을 취한다.

올레길은 당산정을 지나가게 되어 있지만 10분 정도 시간을 투자하여 당산봉 전망대까지 올라가는 것이 좋다. 전망대에서 한라산과 산방산 그리고 모슬봉과 차귀도, 옥빛 바다를 바라보는 조망이 아주 훌륭하다.

올레길에서 보는 마을과 해변

　당산봉은 물과 마그마의 폭발적인 반응에 의해 형성된 수성 화산체이다. 서귀포시 안덕면에 있는 산방산, 용머리와 더불어 제주에서 가장 오래된 화산체 중 하나이다. 당산봉이란 명칭은 오래전부터 뱀에게 제사 지내는 신당이 있었다고 하여 이름이 붙여졌다.

　당산봉에서의 멋진 조망을 뒤로 하고 생이기정길로 들어섰다. 새(鳥)를 뜻하는 '생이'와 절벽을 뜻하는 '기정'이 합쳐진 말로 '새가 나는 절벽'이라는 뜻을 가진 '생이기정길'이다. 제주 올레가 붙인 예쁘고 깜찍한 이름이다. 올레 코스로 개발되기 전에는 인근 주민들도 잘 모르던 길이었다. 그저 알음알음 귀동냥으로 강태공 몇몇이 낚싯대를 메고 다니던 길이었다. 바다 위를 한가롭게 날고 있는 갈매기도 보이고, 옥빛 푸른 바다를 발아래에 두고 한가롭게 걷는 멋진 길이다.

숲길을 내려가 용수 마을 방사탑을 지나 해변길을 조금 걸으면 오늘 12코스의 목적지인 용수 포구 절부암에 도착한다. 누가 나에게 제주 올레길을 걸으려고 하는데 어느 코스를 먼저 걷는 게 좋겠느냐고 묻는다면 여기 12코스를 강추하겠다. 누구에게나 추천할 수 있을 정도로 너무나 기억에 남는 아름다운 올레길이다. (2020. 4. 14)

올레길 이야기

바닷가 파도 소리
처얼썩 철썩
음악처럼 들린다

과거 아픔 이겨 내고
더 무너질 수 없다는 각오
삶의 역사 올레길

이곳 엉알 해변길에서

이야기꽃 피우며
아름다운 추억을 만들고

이 길처럼 길게
행복한 모습으로 기억되기 바라며
한잔의 커피를 마신다

우리를 축복하는
잔잔한 파도가 흥겨움에
덩실 춤추고

수평선 너머 파도가 밀려와
부딪치는 해안 절벽
누구를 위한 노래인가

산산히 부서지며
애절하게 부르는 사랑가
아리아를 듣는다

13코스

맑은 공기와 함께 걷는 숲길

용수 포구 → 용수 마을 → 순례자의 교회 → 용수 저수지 → 특전사 숲길 → 고목 숲길 → 고사리 숲길 → 아홉굿 낙천 의자 공원 → 뒷동산 아리랑길 → 저지오름 → 저지리 마을 회관(18.4㎞, 5시간)

마음이 허전하고 외로운 날이면
어김없이 고개를 드는 본능, 여행.

일, 시간, 돈 때문에 여행을 가지 못한다고 이유를 대지만
여행을 가야 할 이유는 훨씬 더 많다.

여행은 현실 도피가 아닌
현실에서 잠깐 벗어나 복잡한 삶에서의 휴식이다.

어제 20㎞가 넘는 길을 걸었다. 몸은 힘들었을지 몰라도 마음은 편안했다. 먹는 것도 정보를 통해 수집한 유명 맛집을 찾아 맛있는 식사를 하는 것도 올레의 재미다. 몸은 힘들었어도 충분하게 피로를 풀어서 개운하다. 누가 뭐래도 제주 여행은 무조건 좋다.

올레길 13코스는 중산간 숲길이 올레의 시작을 알린다. 해안가를 이어 오던 제주 올레의 코스가 내륙으로 방향을 틀었다. 바다는 오직 시작점인 용수 포구에서만 맞이 인사를 한 후 올레길은 용수 마을을 거쳐 숲길과 마을을 이어 걷는다.

올레길 13코스 시작하면서

올레길 13코스는 용수 저수지와 숲을 지나 작은 마을 낙천리를 만나고 다시 숲과 오름을 오른다. 50여 명의 특전사 대원들의 도움으로 복원된 숲길, 밭길과 저지오름의 울창한 숲이 매력적인 길이다.

13코스 시작점인 용수 포구에 도착했다. 방파제를 따라 긴 전선 줄에 한치를 말리고 있었다. 포구에는 물결이 일렁일 때마다 빈 고깃배들이 흔들거렸다. 이곳에는 우리나라 최초의 가톨릭 신부인 김대건이 중국 상하이에서 사제 서품을 받고 귀국하던 길에 반파된 배로 표류하다가 도착한 포구라는 설명이 있다.

용수 포구, 한치를 건조하고 있다

포구에는 절부암에 대한 사연이 소개되어 있다. 절부암은 열아홉 살의 나이에 남편을 따라 죽은 고 씨 부인의 절개가 어린 곳이다. 고 씨 남편은 차귀도에 대나무를 하러 갔다가 돌아오는 길에 풍랑을 맞아 죽는다. 이 소식을 듣고 남편을 잃은 슬픔에 젖어 있던 고 씨 부인은 남편의 시신을 끝내 찾지 못하자 바닷가 절벽의 커다란 팽나무에 목을 매고 만다.

그런데 한양에 과거 보러 갔다가 낙방해 제주도로 돌아오던 인근 마을 선비 신재우의 꿈에 소복 차림의 여인이 나타나 무슨 말을 할 듯 말 듯 하다가 사라진다. 이를 이상하게 여긴 선비는 점쟁이를 찾아가 꿈 얘기를 한다. 점쟁이는 "한 여인이 이승과 저승에서 헤매고 있으니 잘 모시면 좋은 일이 있겠다"고 꿈풀이를 해 준다. 이 말을 듣고 고 씨 무덤을 찾아가 정성스레 제사를 지내 준 뒤 과거 길에 올랐는데 아니나 다를까 선비는 점쟁이의 말처럼 급제를 한다.

그 뒤 제주 판관으로 영전해 내려오던 선비 신재우는 잠시 진도에 들러 출항을 앞두고 하룻밤을 묵게 된다. 그런데 예전에 꿈속에서 보았던 그 여인이 다시 꿈속에 나타나 "첫 닭이 울거든 곧 떠나라"라고 하는 것이 아닌가. 눈을 뜬 선비는 이를 이상히 여겨 첫닭이 울자 뱃사공을 깨워 배를 띄우게 한다. 선비가 긴 항해를 마치고 막 제주에 다다랐을 때였다. 뒤를 돌아보자 바다에서 갑자기 성난 파도가 일면서 폭풍이 불어닥치는 것이 아닌가. 한 발만 늦었어도 무사하지 못할 뻔했다. 뒤늦게 출발한 다른 배들은 모두 파도에 휩쓸려 침몰되었다. 대정 현감이 된 신재우는 부임 즉시 열녀비를 세우고 두 부부의 시신을 당산봉 서쪽 양지바른 곳에 합장해 큰 제를 올렸다. 매년 음력 3월 15일에는 용수리 어촌계에서 제사를 지낸다. 전설처럼 바위가 있을 것이란 기대와 달리 절부암에는 현재 고목나무 서너 그루만이 왕성하게 가지를 뻗어 있고, 앞에 있던 바다도 오래전에 해안 도로가 생기면서 매립되었다.

바다를 향한 언덕 위에는 이국적인 스타일의 건물이 있다. 한국인 최초의 신부인 김대건(1822~1846) 신부의 제주 표착기념관이다. 올레길의 시작은 조그만 연못을 끼고 계단을 올라가면 마을이 나오고 중산간으로 이어진다. 마을 돌담 안 밭에는 주로 콜라비를 재배하고 있었다. 초록이 아닌 보랏빛 잎사귀가 더 싱그럽게 보였다. 계속해서 콜라비를 재배하는 밭 사이 올레길을 걷는다.

도로를 건너기 전 작은 카페와 게스트 하우스를 만났다. "네가 오후 4시에 온다면 나는 3시부터 행복해지기 시작할꺼야"라는 카피가 은근하게 감동적이다.

도로를 건너 올레길을 이어 간다. 좁은 문이라는 돌로 세운 문을 들어가면 순례자의 교회 안으로 들어갈 수 있다. 순례자들이 길을 걷다가 힘들면 교회에 들어가 잠시 기도를 하고 쉬어 가라는 취지로 지은 작은 교회다.

올레꾼들 쉬었다 가는 작은 교회

오솔길로 접어드니 용수 저수지가 있다. 용수 저수지는 1957년에 제방을 쌓아 조성하여 인근 논에 물을 대는 용도로 유용하게 활용되어 왔다. 이곳의 소나무 숲과 갈대 군락지는 겨울을 보내러 오는 철새들의 보금자리로 유명하다. 용수 저수지 관리인이 올레길 방향을 안내한다. 관리인은 돼지 열병의 감염 예방을 위해 이곳에서 차량 통제하는 일을 하고 있었다.

이제 길가에는 감귤이 노랗게 익어 가는 농원을 많이 만난다. 감귤 농원을 지나면 야자수가 심어져 있는 공원을 지나가게 되고 중산간으로 이어진다. 여기서 조금 더 걸으면 특전사 숲길을 만난다.

감귤 농장을 지나며

청춘, 제주 올레길을 걸어라

50명의 특전사 대원들이 이틀 동안 총 3㎞, 7개 구간에 걸쳐 사라졌던 숲길을 복원하고 정비하여 만들었다. 일명 '특전사 숲길'이라고 부르는 길이다. 특전사 대원들이 개발해서 험한 돌길과 음침한 숲길일꺼라 생각했는데 의외로 아늑하고 평화로운 오솔길이라 편안한 마음으로 걸었다.

수령이 오래된 큰 나무가 있는 숲길을 지나간다. 제주 올레가 이 길을 새롭게 내면서 '고목 숲길'이라고 이름을 지었다. 이름 모를 많은 들꽃이 피어 있다. 이 길이 끝나고 도로를 건너면 가을꽃의 대표격인 코스모스가 만발한 꽃동산이 나온다.

도로를 따라 걷다가 다시 고사리가 무성하게 우거진 숲길에 들어선다. 길 양편에 작은 고사리가 가득하게 자라고 있어 제주 올레에서 '고사리 숲길'로 명명했다. 이곳은 13코스 시작점에서 중간 거리인 7㎞ 지점이다.

어느새 낙천리 아홉굿(샘) 마을에 이른다. 마을 입구에는 '낙천 의자 마을'이라는 커다란 표지석이 세워져 있다. 제주시 한경면 낙천리는 350여 년 전에 제주도에선 처음으로 대장간이 시작된 곳이다. 대장간의 주재료인 점토를 파낸 아홉 개의 구멍에 물이 고여 수원이 풍부한 샘(굿)이 되었다는 이야기를 간직한 곳이다.

마을 입구에는 140년이라는 긴 시간을 살아오며 제주의 역사를 지켜보았을 팽그루 한 그루가 마을을 지키고 있다. 이 마을은 아홉굿(Nine Good) 의자 마을이라고 부른다. 숲길을 빠져나와 마을로 접어들면 골목 어귀에 나무 의자가 놓여 있고 '의자 마을'이라고 쓰인 작은 팻말이 있다. 1,000개의 이야기가 있는 의자 마을, 설문대할망도 쉬어 가는 마을이다. 하늘이 내려 주었다는 낙천리는 밤에는 풀벌레의 노래가 들리고 장수풍뎅이가 찾아드는 천혜의 청정함과 즐거움이 솟아나는 마을이다.

중간 스템프를 찍는 낙천 의자 공원에 도착했다. 입구에는 3층 정도 규모, 13미터 높이의 의자 조형물이 만들어져 있다. 공원에는 의자 마을이라는 명칭답게 다양한 모양과 크기의 많은 의자들이 만들어져 있었다. 그리고 조병화 시인의 「의자」라는 시(詩)를 적은 액자도 함께 놓여져 있어 공원의 이름값을 더한다.

낙천 의자 마을 상징하는 13미터 높이 의자

지금 어디메쯤
아침을 몰고 오는 분이 계시옵니다
그분을 위하여
묵은 이 의자를 비워 드리지요

   낙천리 마을이 어떤 연유로 의자 마을이 되었는지 궁금해졌다. 지난
2003년 낙천리가 농촌 진흥청이 지정하는 농촌 테마 마을로 선정되면
서 마을 사람들은 마을에 활력을 불어 넣는 차별화된 프로그램을 만들
려고 고민하였다. 그러던 중 2007년 공공 미술가 양기훈 씨가 '휴양'이라
는 테마로 '1,000개 의자 마을'을 제안했다. 마을 주민들은 합심해 1,000
개의 의자를 만들었다. 공원 입구에 있는 13미터 정도의 대형 의자와 그
안의 수많은 소형 의자들을 비롯한 마차, 동물, 그네 모양의 의자 등 다
양한 디자인의 의자를 만들었다.

의자 마을의 다양한 의자

이곳 의자 공원 내에 '낭그늘'이라는 소박한 카페가 있다. 간단하게 요기를 할 수 있는 라면과 샌드위치 그리고 커피, 쥬스, 보이차를 판매한다. 우리는 잠시 쉬면서 시원한 청귤차를 주문해서 마셨다. 그런데 카페 여사장이 날씨가 우중충하니 따뜻한 보이차를 시음해 보라고 준다. 이 카페 주인 인심이 후하다. 그리고 카페에서는 나무를 자른 단면에 고객이 직접 그림을 그릴 수 있게 그림 교육 및 제작을 해 주고 가져갈 수 있게 했다.

의자 공원에서 '잣길'이라고 명명되어진 길로 이어진다. 잣길은 화산 폭발로 흘러내린 돌무더기를 농토로 조성하는 과정에서 만들어진 예쁘고 운치 있는 길이다.

이제 남은 거리는 4㎞. 하지만 이슬비가 내리기 시작했다. 오후 늦게 조금 비가 내린다는 예보가 있었는데 성급하게 지금부터 이슬비가 내린다. 올레길은 중산간으로 이어지는데 비가 내리기 시작하니 마음이 조급해진다. 마을 입구에는 높이 12미터, 400년을 살아온 팽그루 한 그루가 홀로 마을을 지키고 있다.

간세를 보니 '뒷동산 아리랑길'이다. 굽이굽이 아리랑길을 오르면서 보니 저 멀리 제주도 내륙 풍경이 보였다.

이제 안이 움푹 들어간 깔대기 모양의 '저지오름'을 오르는 길이다. 마을 이름이 저지로 되면서 생긴 한자 이름이나 그전까지는 '닥몰오름'으로 불렀다. 저지의 옛 이름이 '닥모루'였다고 하며 닥나무가 많은 데서 연유했다고 한다. 지금은 닥나무말고도 삼나무, 팽나무, 후박나무, 꾸지나무, 참식나무, 청미래덩굴 등 220여 종 2만여 그루의 나무들이 자생하고 있다.

　오름으로 올라가는 계단을 올라간다. 계속 평지 길만 걷다가 계단을 올라가니 땀이 흐르고 숨이 찬다. 정상부에 오르니 분화구를 중심으로 둥글게 잘 만들어진 숲길이 약 1㎞에 걸쳐 펼쳐진다. 움푹 패인 분화구에는 빽빽하게 들어찬 숲이 색다르고 신비롭다.

　저지오름 정상부에 있는 전망대로 가는 둘레길이 있다. 왼쪽으로는 125미터, 오른쪽으로는 705미터 걸어가면 전망대에 도착한다. 어느 쪽으로 걸어도 관계없지만 이왕이면 오른쪽 긴 거리의 둘레길을 걸으며 아름다운 숲길의 정취를 제대로 만끽한다.

　전망대 정상에서 바라보는 한라산, 산방산 풍광과 사방으로 보이는 아름다운 조망에 가슴이 탁 트인다. 저지오름을 오르고 내리는 숲길의 아름다움으로 가슴이 벅차다. 제주섬에서 두 번째라면 서러울 만큼 아름다운 숲이다.

　이곳 저지오름은 2007년 아름다운 숲 전국 대회에서 대상(생명상)을 수상했다는 안내문이 있다. 대상의 이름값처럼 이 저지오름 숲길을 걸어 보면 누구나 아름다운 숲길이라고 느낄 것이다.

　저지오름을 내려오면 저지 예술인 마을이 나온다. 명창 안숙선, 화가 김흥수, 조각가 박석원 등 유명 예술인들이 '문화 예술인촌'을 설립해 생활하고 있다. 뿐만 아니라 저지 마을에는 다양한 관광 명소가 많다.

중산간의 자연 속에서 현대 미술을 감상 할 수 있는 제주 현대미술관, 3,000여 종의 양치류와 수생 식물, 야생화를 전시하고 있는 '방림원', 웅장한 규모와 아름다운 디자인을 자랑하는 국내 최대 유리 조형 테마파크인 '유리의 성', 중국의 장쩌민 국가 주석, 일본의 나카소네 수상 등이 다녀가며 극찬했다는 '생각하는 정원' 등이 있다.

저지 마을 도로에 섰다. 인터넷 검색을 하면서 보았던 카페나 식당들 이름이 보였다. 종착지에 도착하니 올레길 코스를 설명해 주는 기념석이 마을 자치 회관 앞에 세워져 있다. 그리고 옆에는 2012년 7월에 한국에서 가장 아름다운 마을로 선정되었다는 안내석이 세워져 있다. (2020. 10. 16)

10월, 제주로

10월엔 맘 내킬 때 아무 때
제주로 떠나

은빛 억새풀 시원한 바다 보며
올레길을 걷자

오늘의 애틋한 삶을
달래 주고

내일을 위한
열정을 채우기 위해

오름과 바다를 향한 그리움
그대와 함께

제주 향기를 느끼며
올레길을 걷자

14코스

우윳빛 백사장과 옥빛 바다

저지 예술 정보화 마을 → 소낭 쉼터 → 월령 숲길 → 월령 선인장 자생지 → 금능 포구 → 협재 해수욕장 → 옹포 포구 → 한림항(19.2㎞, 6시간)

사는 길이 고달프고 힘들면

제주에 가서

꼬불꼬불 올레길을 걷자

혼자 걸어도 좋고

여럿이 함께 걸으면 더 좋은 길

올레길이 있어 행복하다

저지리 마을은 3가지 올레 코스(13, 14, 14-1)의 시작과 종착지이며, 저지오름과 곶자왈이 있어 2014년 생물권 보존 지역 생태 관광 마을로 지정되었다. 저지 마을 회관에서 한림항 방향으로 내려가다 보면 왼쪽으로 둥그스름한 저지오름이 보인다.

14코스는 저지 예술 정보화 마을에서 도로 왼편의 저지오름 방향으로 들어가서 감귤 농장을 지나간다. 약 10㎞ 거리인 월령리 선인장 자생지까지는 가게와 화장실이 없으므로 미리 만반의 준비(여성을 위한 배려)를 하라는 올레 센터 근무자의 안내가 있었다.

마을을 걷는 중에는 감귤 농장 옆에 대규모 공장을 건설 중이었다. 차량이 거의 다니지 않는 마을을 지나가는 도로를 따라 걷는다. 감귤 농장 돌담 앞에는 키가 큰 빨간 꽃 칸초가 외롭게 피어 경계를 보고 있는 듯 보였다.

오솔길을 걷다가 커다란 나무가 숲으로 꺾어지는 길을 안내한다. 곧바로 큰 소나무가 많은 '큰소낭 숲길'을 지나간다. 제주 올레에서 길을 개척하면서 붙인 이름으로 '낭'은 제주어로 나무를 뜻한다.

'꽃과 새와 사람이 함께 사는 한림읍'이라는 안내판이 나오고 포장길을 만난다. 길 옆에는 밭들이 펼쳐져 있고 밭에 물을 대기 위한 커다란 저장고가 세워져 있었다. 길은 계속해서 감귤 농장과 밭을 지나간다.

굴곡이 있는 숲길을 지나면 낮은 언덕이 보인다. 조망이 좋은 저 언덕에 올레길을 상징하는 조형물이 있으면 좋겠다는 생각이 들었다. 야자수가 열병하듯 서 있는 길을 지나가면 월령리 선인장 재배지를 만난다. 둥글둥글하게 생긴 선인장 이파리는 옆구리에 붉은 열매를 달고 있어 멀리서 보면 녹색으로 보이기도 하고 붉게 보이기도 했다.

선인장밭 옆으로 난 길을 걷는다. 길은 이내 숲길로 이어진다. 10분 정도 낙엽과 솔잎들을 밟으며 걷다가 다시 포장 도로를 만났다. 선인장 자생지인 월령리까지 큰소낭 숲길, 농로, 굴렁진 숲길 등 다양한 숲길로 이어졌다. 넝쿨 식물들이 나무를 뒤덮어 만든 곶자왈 숲길은 마치 원시림을   고 지나가는 듯 오싹한 기분이 들었다.

하천 제방을 따라 이어진 숲길과 억새길을 걸어 월령 포구에 다다르자 길 양옆으로 밭담 모퉁이나 바닷가 돌틈 사이에 빨간 열매를 품은 선인장들이 무성하게 자라고 있었다.

도로를 건너 마을로 들어선다. '무명천 할머니길'을 따라 걸으면 중간 스탬프를 찍는 곳이 나온다. 옆에는 '쉴 만한 물가 cafe'가 바다를 배경으로 멋진 쉼터를 제공한다. 올레길을 걸으면서 만나는 카페 중 베스트로 손꼽을 정도로 예쁘다. 시간적으로 바쁘게 없으니 이곳 카페에서 올레길의 여유와 낭만을 느끼며 한참을 쉬었다.

월령리는 국내 유일의 선인장 야생 군락지로 광대한 선인장 자생지를 둘러볼 수 있도록 해안가를 따라 목재 데크 산책로가 잘 만들어져 있다. 월령리는 손바닥 선인장으로 유명하다. 손바닥 선인장은 백년초라고도 부른다. 백년초는 지구상에 400여 종이 있는데 열매가 달린 선인장은 식용이나 약용으로 이용된다. 매년 4~5월경에 작고 파란 열매가 열리고 6~7월경에 꽃이 핀다.

월령리 선인장 군락지

선인장이 이곳에 군락으로 자라게 된 이유에 대해서는 여러 가지 설이 있다. 선인장 씨앗의 원산지로 알려진 멕시코에서 해류를 타고 이곳에 밀려와 모래땅이나 바위틈에 기착한 것으로 보고 있는 게 정설이다. 이곳의 선인장은 건조한 날씨와 척박한 토양에 강하여 가뭄에도 고사하는 일이 없고, 6~7월이면 노란 꽃이 피고 11월에는 열매가 보라색으로 익는다.

월령리 마을은 이렇게 다양한 선인장 제품(백년초 열매, 백년초 액기스, 분말 등)을 만들어 직거래로 팔고 있다. 백년초는 소화기나 호흡기 질환에 탁월한 효능이 있는 건강 식품이다. 해안 목재 데크 산책로를 걸어가면 주위에는 자줏빛 백년초 열매가 다다다닥 붙어 있는 선인장 군락과 비양도를 배경으로 하는 에머랄드빛 바다가 어우러져 이국적인 아름다움을 보여 준다. 푸른 바다를 뒤로 하고 손바닥 선인장들이 갯바위에 무더기로 뿌리를 내리고 있다. 월령리 선인장 군락지는 천연기념물 제429호로 지정되어 채취가 금지되어 있다.

월령 포구를 지나간다. 정박된 배와 정지되어 돌아가지 않는 풍력 바람개비는 정적을 넘어 오히려 평화로운 마을 분위기를 간접적으로 보여 준다. 월령에서 한림항까지는 내내 비양도를 눈에 담고 걷는다. 걸을 수록 조금씩 돌아앉은 비양도의 앞과 옆 모습을 빙 둘러 가며 감상할 수 있다. 비양도는 1002년에 분출한 화산섬으로 제주 화산섬 중 가장 나이가 어리다.

작은 돌멩이들로 길을 만든 월령 올레길을 30여 분 걷다 보면 해녀콩 서식지를 만난다. 해풍을 맞으며 바닷가를 밭 삼아 넝쿨을 길게 뻗고 있는데 그 길이가 무려 3미터 이상은 됨직하다. 해안가를 따라 넓고 편안한 길을 계속 걷게 된다. 이 길은 올레길 중에서 몇 개 안 되는 휠체어가 다닐 수 있도록 포장된 도로다.

월령 포구   풍력 발전기

   아이들의 동시(童詩)와 그림 액자를 벽에 붙여 금능 포구 마을의 상징
으로 꾸며 놓은 골목길을 지나간다. 그중에서 눈에 톡 튀는 조현우 어린
이의 동시(童詩) 하나를 옮겨 적는다. 천진난만한 어린이의 심정이 꾸밈
없이 그대로 표현되었다.

금능 바닷가

   금능 바닷가에서
   수영하고 놀았어요
   까만 돌에 걸려서 그만
   넘어졌어요
   아파서 울려고 했지만
   수영 놀이 재미있어요

포구를 지나 금능 으뜸원 해수욕장에 도착했다. 에메랄드빛 바다에서는 윈드 서핑을 즐기는 사람들이 있다. 수심이 낮은 해수욕장에는 물놀이를 즐기는 아이들이 천진난만하게 놀고 있다. 추운 줄도 모르고 수영하며 노는 게 더 재밌나 보았다. 올레길은 여기서 바다를 등지고 마을 쪽으로 꺾어 올라간다.

윈드 서핑 즐기는 금릉 해변 전경

우윳빛 백사장을 배경으로 야자수가 숲을 이룬다. 옥빛 바다에 떠 있는 비양도 풍경은 말이나 글로 표현하기 어려울 정도의 비경이다. 잠시 시간을 내어 아름다운 백사장을 걸으며 풍경과 여유로움을 즐기니 심신이 치유되며 행복했다. 금릉리 해수욕장과 야자수 나무 숲을 지나면 협재 해수욕장이다.

청춘, 제주 올레길을 걸어라

금릉 해변에서 보는 비양도 전경

　피서철이 아닌데도 협재 해수욕장에는 젊은 연인들로 넘쳤다. 넓은 백사장 모래를 하얀 방수포로 덮어 특이한 해변 분위기를 보여 주고 있었다. 이런 조치로 백사장 관리가 용이함은 당연하겠고, 관광객들에게는 모래가 신발에 들어오는 불편함이 없어서 좋을 것이라 생각됐다. 하지만 모래의 촉감을 느껴 보려는 사람들에게는 너무 인공적이라 거부감이 들 수도 있겠다.

　협재 해수욕장에서 도로를 건너면 협재굴과 쌍용굴로 이름난 한림 공원이 나온다. 올레 코스는 아니지만 제주의 문화를 알고 싶으면 용암 동굴을 둘러보고 가도 좋다. 우리 애들이 어렸을 때 몇 번 가 봤던 기억이 새삼 떠올랐다.

협재 해수욕장에서 점심 식사를 하기 위해서 맛집 식당을 찾아서 주변을 돌아다녔다. 해수욕장 근처에 있는 '양자강'이라는 조그만 중국 음식점에서 삼선 짜장면으로 맛있는 점심 식사를 했다. 어느 중국 식당을 가던 짜장면은 맛있다. 식사 후 다시 올레길 리본을 찾아 한림항을 향해 걷기 시작했다.

협재 해수욕장에서 한림항을 향한 도로를 따라 걷다 보면 나쁜 징조를 막아 준다는 방사탑과 행정, 국방의 요충지였던 명월포를 지나간다. 약 2킬로미터를 더 걸어가면 한림항을 만나게 된다. 멀리 컨테이너가 켜켜이 쌓여 있는 모습이 눈에 들어오고 기름 냄새가 바람에 실려 코끝을 자극한다.

한림항은 규모가 큰 항구이다 보니 수산물을 가공하는 대형 건물들과 고기잡이 선박, 왕래하는 자동차 등으로 주변이 매우 혼잡했다. 생선 비린내가 격하게 코를 찌른다. 많은 차들이 지나다녀 도로가 복잡하여 오히려 낙후된 항구처럼 보였다. 관광지로서의 제주다운 깨끗한 모습을 볼 수 없어 다소 아쉬운 생각이 들었다. 한림항은 어류를 비롯하여 시멘트, 감귤, 채소, 잡화 등 제주 서부 지역 연안 화물의 수송을 담당하는 곳이다.

올레길 14코스 종착점에 있는 인증 장소도 항구 옆에 있어서 혼잡하기는 마찬가지다. 종착지인 한림항은 어지럽고 복잡했지만, 14코스 올레길은 산티아고 순례길을 걷는 듯 좋았다. 전체적으로 여유로운 기분

을 느낄 수 있어서 행복한 올레길이었다. (2020. 10. 17)

제주 가을 바다

저기 저 옥빛 바다를 보라
햇살 반짝이며
얼마나 아름다운가

그것은 마치 고양이 솜털 같은
풍경이 흐르고
우리를 꿈꾸게 한다

은은함을 느껴 보라
해변길 따라
흔들리며 춤추는 억새풀

그 흥에 어깨춤을 춰 보라
어둠 이겨 내고
찾아오는 내일이라는 일상

마음의 문을 열고
이 아름다운 바닷가에서 함께
추억을 노래하자

14-1코스

한국의 아름다운 마을로 선정된 저지올레길

저지 정보화 마을 → 알못 → 강정 동산 → 저지 곶자왈 → 문도지 오름 → 저지 상수원 → 오설록 녹차밭(9.3㎞, 3시간)

오늘은 올레길 14-1코스(9.3㎞)와 7-1코스(15.7㎞)를 하루에 완주하여 전체 26코스를 마무리하는 일정이다. 전체 26㎞로 긴 거리, 체력 소모가 클 것이라 예상되어 제주의 인기 해장국 식당인 '은희네 해장국'에서 든든하게 아침 식사를 했다.

올레길 출발 장소인 저지 마을 도착할 무렵 '생각하는 정원'을 지나간다. 생각하는 정원은 1968년부터 농부 성범영이 제주시 한경면 저지리의 황무지를 개척하여 집념으로 완성한 창조적인 정원이다. 1만 3천평의 대지에 7개의 소정원으로 구성되어 있다. '세계에서 가장 아름다운 정원'이라는 수식어와 함께 창조와 예술, 철학이 융합된 정원으로 국제적 탐구의 대상이 되고 있다.

유구한 세월을 간직한 한국 고유의 정원수와 분재 그리고 괴석과 수석이 잔디 광장과 오름의 여백을 따라 전시되어 있다. 돌 하나하나마다 손으로 직접 다듬어 쌓아 올린 거대한 화산석, 돌담과 돌문, 그리고 곳곳에 쏟아져 내리는 폭포와 연못은 자연석 석조 건물과 조화를 이루어 독창적인 한국 정원의 모습을 갖추고 있어 제주의 자연과 멋을 가장 잘 보여 주고 있다.

이 작은 정원은 많은 인사들의 자취가 남아 있는 곳이기도 하다. 세계 각국의 정상들이 와서 함께 사진을 찍기도 했다. 특히 중국의 후진타오 주석이 기념식수를 한 곳이다. 생각하는 정원은 중국 교과서에 소개가 되었다. 중국 9학년 『역사와 사회』 교과서에서 생각하는 정원을 조성한 과정과 문화적 가치를 한국 민족 정신 양성의 모범 사례로 소개했다. 올레길을 마치고 시간이 되면 꼭 한 번 들러 볼 곳이다. 우리는 올레길 26개 코스를 전부 마치고 편안한 마음으로 사려니 숲길과 생각하는 정원을 관광했다.

올레길 14-1코스의 시작은 저지 정보화 마을 회관이다. 회관 뒤편에 공영 주차장이 있다. 그리고 마을 회관 마당에 올레 안내소가 있다. 일전에 이곳에서 올레 상품을 구입하면서 근무하는 직원과 대화를 나눴던 기억이 생각났다. 14코스 안내와 추자도 올레길을 꼭 가 보라고 권하던 직원이었다.

이곳 저지 마을 저지의 '저'는 닥나무를 말한다. 마을에는 옛날에 그만큼 닥나무가 많았다고 한다. 저지 마을은 '한국에서 가장 아름다운 마을 4호'로 지정되었다. 이런 이유 때문인지 생태 관광 우수 마을이라는 간판이 눈에 더 잘 들어온다.

도로 건너편에서 14-1코스는 시작된다. 골목길 돌담에는 붉은 꽃이 화려하게 피어 눈길을 끌었다. 오늘 날씨는 올레길 걷기에 딱 좋다. 바람이 살살 불어와 쾌청하다. 저지 마을 골목에 들어서면 '엄마집'이라는 민박집 간판이 보인다.

제목이 참 다정스럽다. 엄마라는 상호를 쓰는 것을 보니 분위기가 엄마 품처럼 편안하고 음식도 엄마의 손맛처럼 맛있을 거 같다는 생각이 들었다. 민박집 외 게스트 하우스 등 다른 숙소들도 보였다.

돌담길이 이어진다. 덩굴 식물 뿌리가 돌담을 타고 올라 돌담을 에워 쌌다. 돌담 안으로는 귤나무가 보였다. 하얗게 꽃이 핀 넓은 메밀밭을 지난다. 계속 메밀밭이 이어진다. 메밀로 유명한 강원도 평창에도 지금쯤 하얀 메밀꽃이 한창일까 하는 생각이 들었다. 인터넷으로 찾아보니 제주 메밀꽃은 6월에 피지만 평창의 메밀꽃은 8월에서 9월초가 절정이라고 한다.

정보화 마을 지나면서 만나는 메밀밭

　이 코스는 마을과 밭, 곶자왈 지대를 지나간다. 마을과 밭이 같이 있
다. 마을길이 끝나면 곶자왈이 이어지고, 곶자왈이 끝나면 다시 마을이
이어진다. 곶은 숲이고, 자왈은 나무와 바위가 엉킨 모습의 자갈밭을 말
한다. 곶자왈을 개간하면 밭이 되고, 그 밭이 모여 마을을 이룬다.

　곶자왈을 개간하면서 생긴 돌로 돌담을 쌓았다. 바람도 막고, 짐승들
도 막고, 낯선 이방인들의 기웃거림도 가려 준다. 밭에는 농작물이 자라
고 있다. 임도를 만나고 말이 한가롭게 풀을 뜯고 있는 목장을 지나간다.
눈앞에는 여러 대의 풍력 바람개비가 무심하게 관성으로 돌아가고 있다.

　길을 걷다 보니 어느새 강정 동산이다. 시멘트길이 숲으로 이어진다.

뜨거운 햇볕을 막아 줄 그늘이 거의 없다. 나뭇가지가 부챗살처럼 뻗은 팽나무 한 그루가 높이 서있다. 팽나무 아래에는 길손들 쉬어 가라고 의자가 만들어져 있다. 배낭을 내려놓고 잠시 쉬어 간다. 그때 택시가 들어왔다. 젊은 아가씨가 혼자 내렸다. 서둘러 우리를 앞서가며 올레길을 걷는다. 아마도 지난 번에 여기까지 걷다가 중단하고 다시 이어서 걷는 것으로 생각된다.

강정 동산 갈림길에 있는 팽나무

안내판이 보였다. 문도지오름을 올라가는 길이다. 완만한 오르막 숲 길이 시작된다. 사유지라는 안내글이 있는 곳을 지나간다. 올레꾼들은 사유지를 지나갈 때 농작물에는 손대지 말아야 한다. 길을 내어 준 것만으로도 고맙다. 말 몇 마리가 풀을 뜯고 있다. 지나가는 올레꾼들은 안중

청춘, 제주 올레길을 걸어라

에 없어 쳐다보려고도 않는다. 말들은 말도 없이 제 할 일에 열중이다.

 지그재그의 완만한 오르막길을 걸어 문도지오름에 올라섰다. 넓은 초지가 눈을 시원하게 했다. 풍력 바람개비가 바로 눈 앞에서 돌아갔다. 바다와 섬, 마을이 보였다. 초여름의 문도지 오름은 일부러 잔디를 심어놓은 듯 녹색 물결로 일렁였다. 얼핏 녹색 잔디가 깔린 골프장처럼 보였다. 아니 대관령 목장 같은 착각이 들었다. 어린이처럼 데굴데굴 구르며 놀고 싶은 생각이 들었다. 야생화가 군락을 이루며 아름답게 피었고, 어디선가 불어오는 실바람에 꽃들이 춤춘다.

문도지오름에서 보는 풍력 발전기 전경

 좀전에 택시에 내려 혼자 걸었던 아가씨가 문도지 오름 정상에서 여러 포즈로 사진을 찍으며 여유를 즐기고 있다. 요즘 청춘들은 이렇게 유명한 핫플레이스에서 예쁜 사진을 찍어 인스타그램에 올리는 것을 취미로 한다. 너무 아름다운 풍경을 그냥 보내기는 아까워 아가씨와 우리는 서로 사진을 찍어 주는 품앗이를 했다.

문도지오름의 중간 스템프는 오름 정상에 있는 게 아니라 오름을 내려가야 있다. 오름을 가로질러 소나무와 삼나무 숲을 지나 내려간다. 다시 사유지를 지나간다. 조금 더 걸으면 중간 스템프를 찍는 곳이 나온다.

거친 길이 아닌 잘 정비된 임도를 따라 걸어 내려가면 정자 쉼터가 나온다. 이곳에서 잠시 휴식을 취한다. 올레길은 왼쪽의 거북선 등 여러 모양의 배 모형(전투선)들이 진열된 숲속의 진박물관으로 이어졌다.

숲속의 배 모형 야외 박물관

이제부터 곶자왈을 지나간다. 나무와 덩쿨이 마구 헝클어져 어수선한 곳을 곶자왈이라고 한다. 아름드리 나무와 바위에 콩란들이 다닥다닥 붙어 치열한 생존 싸움을 한다. 돌과 잡목과 덤불이 엉켜져 있는 곶자왈은 위치를 가늠하기 어려울 만큼 숲이 깊다. 그래서 오후 2시 이후에는 혼자 걷는 것을 자제해야 한다. 이곳에서 원시림의 모습을 보았다.

　곶자왈이 끝났다고 생각했는데 길은 계속 곶자왈로 이어졌다. 생각보다 곶자왈 숲 구간이 길었다. 기나긴 곶자왈 숲을 빠져 나오면 광활한 녹차밭이 펼쳐진다. 오설록 티뮤지엄이다. 마치 솜씨 좋은 이발사가 머리를 손질한 듯 단정하게 관리된 부잣집 정원처럼 보였다. 이곳이 올레길 14-1코스의 종착점이다. 이곳에서 도착 인증 스템프를 찍으면 올레길이 끝난다.

오설록에서 재배하는 녹차밭

오설록 티뮤지엄은 드넓은 녹차밭 사이에 자리 잡은 우리나라 최대의 차 종합 전시관이다. 오설록 하우스에 들어가면 여러 가지 녹차 음료와 녹차로 만든 화장품, 녹차 체험 강좌 등이 준비되어 있다.

시내 버스(771-1, 784-1)를 타고 15분 정도 걸려 출발점인 저지 마을로 다시 돌아왔다. 출발지 올레 센터 바로 옆에 태국 출신 여주인이 운영하는 '길동무'라는 식당에서 열무 냉국수를 먹으며 더운 날씨의 올레길 여독을 풀었다. 소박한 맛집이다. (2021. 6. 7)

저지 올레길 걸으며

하얀 메밀꽃 눈길 사로잡는
저지 마을 올레길

바람길 돌담길 따라
걷다 보면

커다란 팽나무 만나
그늘 아래 쉬어 가다가

푸른 목장 지나
문도지 오름에 오른다

환영하는 손짓의 하얀 풍차
바람개비 돌아가고

바다 한가운데
제자리 지키는 섬을 보며

오름의 넓은 마음 닮으려
생각에 잠겨 걸으면

어느새 오설록 녹차밭,
시원한 녹차로 피로를 녹인다

15코스(B)

보랏빛 바다와 여유로운 올레길

한림항 → 대수 포구 → 수원 농로 → 켄싱턴 리조트 → 제주 한수풀 해녀 학교 →
금성천 정자 → 곽지 해수욕장 → 한담 해안 산책로 → 애월초교 뒷길 → 먼물 습
지 → 고내 포구(13㎞, 5시간)

15코스 올레 안내 센터에서 비양도를 지척에 두고 걷기 시작했다. 비
양도는 한림항에서 도항선을 타고 15분이면 도착한다. 푸른 물빛의 바
다 위에 오롯이 떠 있는 비양도는 큰 소리로 부르면 들릴 것처럼 가까이
있다. 조선시대 초기에는 죽순이 많이 났으므로 비양도를 죽도라 부르
기도 했다. 고려시대 중국에서 한 오름이 날아와 비양도가 되었다는 전
설이 전해 오고 있다.

날아온 섬이라는 뜻의 '비양도'는 이름에 얽힌 전설이 있다. 먼 옛날

제주의 서북 방향인 중국 쪽에서 산봉우리 하나가 제주를 향해 날아오는데, 굉음과 함께 한림 앞바다까지 왔을 때 소리에 놀라 밖에 나온 한 부인이 "거기 멈추어라"고 소리치자 봉우리는 더 이상 날아오지 못하고 지금의 위치에 떨어져 섬이 되었다고 한다. 지금부터 1000년 전 화산 폭발로 생긴 섬이라고 전해진다.

비양도는 바다 낚시와 스쿠버 다이빙을 즐기는 사람들은 거의 모르는 이가 없을 정도로 잘 알려져 있는 섬이다. 2006년 10월 해양 수산부에 의해 '아름다운 어촌'으로 뽑혔다. 비양도의 중심에 자리 잡은 비양봉은 해발 114m이며 용암의 분출로 형성된 오름이다. 비양도와 협재리 사이에는 수심이 10m 정도이며 조류가 매우 빠르게 통과한다.

해안가 도로에는 해풍으로 건조시키고 있는 생선이 건조대 위에 줄 맞춰 진열된 신발처럼 널려 있다. 도로 우측에는 바닷물을 가두어 연못처럼 만들어 인위적이지만 아름다운 경관을 보여 준다. 비양도를 등지고 나선 발걸음은 평수 포구를 지나 중산간으로 향한다.

"바다와 자연이 어울리는 마을" 한수리에 대한 안내문이 세워져 있다. 예전에는 한수리 마을을 잠수포라 불렀다. 사람이 살기 시작한 연대는 확실하지 않으나 수원리와 한수리가 분리되기 전 처음 거주한 사람은 경주 김 씨 좌도지관 김검룡의 8대인 김경의가 1580년(선조 13년)에 살면서 지금의 한수리가 되었다고 한다. 마을이 있는 한림(翰林)과 수원(洙源)에서 머릿글을 결합하여 한수리라고 했다.

바닷가와 농로를 번갈아 걷는다. 한수리 바다 체험 마을을 지나자 수원리에 들어서게 된다. 가정집으로 들어가는 골목길에는 농가 자체적으로 예쁜 꽃을 심어 마을 전체가 화사하게 보이면서 잘 정리된 느낌을 주었다.

마을의 역사를 대신하는 듯 가정집의 외벽에는 스토리를 중심으로 재미있게 그려진 그림 작품들이 있다. 넓게 펼쳐진 농경지 또한 정리가 잘 되어 깔끔하다.

마을 벽화와 같이

다시 "귀덕 2리 라신동"이라는 커다란 표지석이 있는 바닷가로 이어지는 길을 따라 걷는다. 라신비(라신동)는 귀덕현 당시 새로 생긴 마을로 '지세가 비단같이 곱고 아름다우며 해안가의 절경이 뛰어나 알차게 생활하는 동네'라 하여 라신비라 했다.

귀덕 마을의 해모살 해변에는 바위 모양이 마치 거북등과 같이 갈라져 있다. 그리고 그 가운데서 용천수가 솟아 나오고, 용천수를 중심으로 마을이 형성되었다. 방파제 돌담 위에는 뿔소라 혹은 참소라라고 불리는 소라 껍데기들이 많이 널려 있다.

한수풀 해녀 학교를 지나간다. 한림항에서 출발하여 1시간 만에 도착했다. 이곳 해녀 학교는 점점 사라져 가는 해녀 문화를 젊은 세대에 전수하고자 하는 취지에서 주민 자치 특성화 사업으로 2007년 선정, 2008년부터 지금까지 운영해 오고 있다. 해녀는 2015년에 유네스코 세계 문화유산으로 등재되었다.

올레길 중간 스템프를 찍는 금성천 정자에 도착했다. 곽금 5경 남당암수가 있다. 과오름 중 둘째 봉(峯)인 샛오름의 용암이 흘러 곽지리와 금성리의 기반을 만들었고, 바닷가에 멈추어 금성리의 용머리를 만들었다. 용머리에서 솟아오르는 물로 금선리 남당머리에 살고 있는 사람들의 식수로 이용되었다.

해안 도로를 따라 걷는데 무인 카페가 있다. 내부를 들여다보니 다양한 차(茶)와 먹거리를 갖추고 있으며, 내부는 깨끗하고 분위기 있는 카페로 운영되고 있었다. 이러한 무인 카페는 올레길을 걷는 여행객이 많아지다보니 자연스럽게 생겼다.

무인 카페를 지나 마카롱 과자의 색깔이 연상되게 하는 파스텔톤 색상으로 도색된 해안 방파제를 따라 걸었다. 돌하르방, 바다 그림, 예쁜 집 등 이국적인 풍경은 젊은이들의 감성을 사로잡기에 충분했다.

곽지 해수욕장 인근에 있는 드라마 2015 카페, 애월 빵 공장이 눈에 들어온다. 아직 점심 식사를 하지 않아 출출하기도 해서 빵 공장 건물 안으로 들어갔다. 문을 여는데 실내 분위기가 심상치 않았다. 알고 보니 이곳은 젊은 이들에게 많이 알려진 제주의 핫플레이스이자 올레길 15 코스의 명소이다.

애월 빵 공장 야외 휴게 공간

빵집 진열대에는 먹음직스러운 다양한 빵이 진열되어 식욕을 자극했다. 고구마빵, 치즈가 들어간 빵 등을 구입해서 안쪽의 통창 자리에 앉아 바다 조망을 보며 휴식을 취했다. 야외는 파란 바다를 배경으로 파라솔과 테이블을 설치해 식사와 커피 등을 마시며 휴식을 취하기 좋다. 음식값이 비싼 편인데도 많은 청춘 남녀들로 붐볐다.

해안 도로를 따라 걸으면 '과물 노천탕'을 만난다. 호기심에 안으로 들어가 보니 좌우로 남녀 구분된 용천수 노천탕이 있다. 이곳에서 어린이 여러 명이 탕에 발을 담그고 놀고 있다.

해수욕장의 모래밭에서는 서핑 보드를 타기 위해 기본 동작을 배우는

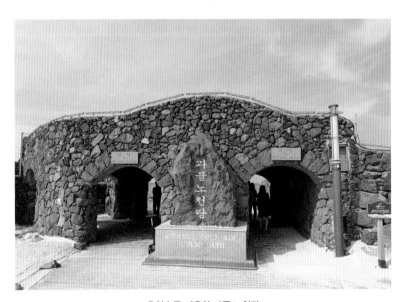

용천수를 이용한 과물 노천탕

청춘 남녀들이 보인다. 새까맣게 얼굴이 탄 강사의 매끈한 근육질 몸매를 보니 서핑 보딩 실력이 상당할 것으로 추측된다.

도로를 따라 걷다가 해녀가 물질해서 건져 온 신선한 해산물을 파는 '곽지 해녀의 집'이 있다. 뿔소라 구이와 물회를 시키고 우도 땅콩 막걸리를 곁들여 늦은 점심을 먹었다. 해녀가 운영하는 식당의 해산물은 언제나 신선해서 맛있다.

곽지에서 한담 산책로를 이용해서 카페의 성지라 할 수 있는 애월 카페가 있는 곳까지 걸었다. 애월 바닷가는 요즘 연인들이 많이 찾는 코스로 유명하다. 몇 년 전 애월에서 살고 있는 가수 이효리의 〈효리네 민박〉이 방송에서 큰 인기를 끌면서 애월은 젊은이들의 새로운 핫플레이스가 되었다. 올레길 주변에는 크고 작은 멋진 카페들이 많이 보였다.

한담 마을의 장한철 산책로를 걸었다. 장한철은 조선 후기의 문신이다. 『표해록』이란 책을 썼고 이곳에서 현감을 지냈다. 해안길은 바람의 길을 따라 자연스럽게 바닷가 옆으로 구비구비 이어진다. 이 길에는 가벼운 차림으로 산책하는 사람들이 많다. 해수욕장의 고운 모래, 백사장이 아름답게 펼쳐져 그 이름값에 더한다.

해안 산책로를 따라 계속 걸었다. '봄날'이라는 분위기 있는 카페에는 청춘 남녀들로 북적거렸다. 입구에서 별도로 카페 입장료를 받고 있다. 바다가 조망되는 넓은 마당에는 젊은이들이 좋아할 만한 조형물인 포토존이 많다.

한담 마을의 장한철 산책로

해안가에는 최근 건축된 듯한 특색 있는 카페, 식당 건물들이 많이 보였다. 특히 하이 월드라는 대형 건물이 눈에 들어왔다. 이곳에는 볼거리, 먹거리, 즐길 거리, 사진 찍을 거리가 다양한 복합 건물이다. 주변의 넓은 주차장에는 이들이 이용한 승용차들로 혼잡하다.

해안 도로를 따라 걸었다. 고내 포구에는 정박된 많은 배들이 있다. 리본을 따라 마을 안으로 들어서자, 15코스의 종착점인 스템프를 찍는 쉼터에 도착했다. 오늘은 아름다운 9코스, 15코스, 두 코스의 올레길을 하루에 걸었다. 다소 힘들었지만 행복한 올레길 걷기였다. (2020. 10. 18)

애월 빵집 카페에서

파란 하늘과 에머랄드빛 바다
여유로운 해변로
'드라마 2015' 카페가 발길 유혹하면

애월, 그 바닷가 카페에서
지친 걸음 쉬게 하는
위안이 필요하다

빵과 함께
커피 한잔의 행복,
휴식의 즐거움을 누리며

조금 과장되게 보여지는
사치스러움 넘치는 시간이지만
괜찮다

휴식은 선물
이 길을 걸으면서
이런 시간은 충분 조건

쉼과 여유

고요하고 평온한 분위기,
내면과의 대화 시간은 필요 조건

행복은
바로 지금,
여기에 있기 때문이다

16코스

감성으로 걷는 해안길과 마을 골목길

고내 포구 → 신엄 해안 도로 → 구엄리 돌염전 → 수산봉 → 항파두리 → 고성 숲길 → 청화 마을 → 광령 1리 사무소(15.8㎞, 5시간)

고내 포구 주차장에 주차를 하고 주변을 둘러본다. "찬란한 해돋이와 함께 떠나는 시간 여행"이라는 해안 누리길 안내문이 보였다. 고내리는 제주도 내에서 한라산이 보이지 않는 곳 중 한 곳이다. 고내리 주위 지대가 고지대로 분지 형태를 이루고 있어 마을 이름도 '높은 곳 안쪽에 있다'고 해서 고내리다.

고내리 포구는 '오강터'라고도 불린다. 신협리와 경계 지역인 강척 고지에서 개구미에 이르는 바다 바닥이 마치 오강처럼 움푹 패여 있어서 붙여진 이름이다. 오강터 일대에는 자갈밭이 넓게 펼쳐져 있기 때문에 그물을 드리우면 대부분 찢어져 버려 바다가 삶의 터전인 사람들은 포구가 절실했다.

고내 포구 전경

개울인 우주물을 만난다. 우주물이란 '우'는 '언덕 사이에 있는 물'이고, '주'는 '물놀이 칠'이란 뜻으로 언덕 사이로 흘러나오는 물에서 물놀이를 한다는 뜻이다. 이처럼 제주 도보 여행을 하다 보면 물에 관한 이야기를 곳곳에서 쉽게 접할 수 있다.

도로를 따라 바다를 조망하며 걸을 수 있도록 별도의 올레길이 개척되어 있다. 적당한 거리마다 쉬어 갈 수 있도록 의자와 정자 등이 만들어져 있다. 깎아지른 바다 절벽으로는 난간이 세워져 있어 안전하다. 파란 바다와 어울려 운치를 더해 주는 해안 산책로를 걷는다. 바다를 왼쪽에 두고 걷다 보면 가늘게 이어진 해안 도로가 아스라하다.

해안로 쉼터

16코스 올레길 초반부에는 해안로를 따라 멋진 건물의 식당, 카페, 게스트 하우스 등이 많다. 더구나 해안 절경을 조망하는 위치에 태국 투자 기업의 호텔도 보였다. 빨간 등대와 곡선의 해안 도로, 커다란 몽돌 해변, 푹신한 흙길이 적당하게 조화를 이루는 멋진 코스다.

애월 바다의 소박한 분위기를 느끼며 걸을 수 있는 해안길이다. 도보 여행자들이 안전하게 걸을 수 있도록 차도와 올레길이 구분되어 있다. 언덕길은 아니지만 약간 오르락내리락 반복하면서 걷다가 뒤돌아보기를 수없이 반복하게 된다.

주변을 둘러보며 걷기 좋을 정도로 바람이 적당하게 불었다. 자연이 만들어 놓은 수려한 경관의 해안 절벽은 언제 보아도 신비 그 자체이다. 도보 여행을 하면서 누릴 수 있는 행복이다.

파도에 부딪힌 바람이
길 걷는 올레꾼 뺨을 스친다

가을 하늘 만큼이나
높은 지조, 올레꾼의 자존감이다

고내 포구에서 출발하여 1시간 20분 정도 걸으면 구엄리 돌염전에 도착한다. 지금은 염전으로서의 기능은 없고 체험 시설로 활용된다. 이곳에서 생산된 돌소금은 모양이 굵고 넓적한 데다 맛과 색깔이 뛰어나 1950년대 들어 생업 수단이 변하기 전까지만 해도 중산간 마을의 농작물과 물물 교환이 이루어질 만큼 인기가 많았다.

고려 원종12년 애월 바닷가에 구엄리 마을이 만들어졌다. 1573년 강여 목사가 부임하고 본격적으로 제염법이 보급되었다는 기록이 '남사록'에 전한다. 돌염전은 돌 위에다 진흙으로 낮은 턱을 쌓아 바닷물을 이용하여 소금을 만들었던 곳으로 조상들의 지혜를 엿볼 수 있다. 돌염전은 바닷길을 따라 길이 330여 미터, 폭 50여 미터, 넓이는 약 1,500평에 이른다.

구엄 포구 엄장 해안길 어류 조형물

구엄 포구를 둘러봤다. 떠나지 못한 작은 고깃배들이 포구에 정박되어 있다. 구엄리 마을을 지난다. 올레길 11코스인 대정 마을을 지날 때 지겹도록 보았던 마늘과 양파밭이 다시 보였다. 구엄리 마을은 어업과 농업을 병행하는 지역이다. 마을의 집들을 개량 사업을 통해 고급화되었고 세련된 디자인의 신축된 집들은 살기 좋은 마을임을 대변하는 듯했다.

수산봉 입구에 섰다. 오늘 16코스 중 가장 힘든 길이다. 수산봉(125.5m)은 물메오름으로 부르는 소 화산체이다. 동그란 형태의 분화구를 지니고 정상에 물이 고인 작은 연못이 있다. 제주에 가뭄이 들면 이곳에서 기우제를 지냈다고 한다. 목재 데크와 계단이 만들어져 있어 편안하게 오를 수 있는 무난한 코스다.

수산봉을 빙 둘러 돌아가면 그 너머에 넓은 수산 저수지가 보인다. 저수지 가까이에 가면 400년 된 곰솔이 물속으로 가지가 척척 휘어진 채 저수지를 지키고 있다. 겨울에 눈이 내리면 마치 백곰이 저수지 물을 마시는 형상처럼 보인다고 해서 곰솔이라 불렀다. 천연기념물 제441호로 지정되었다.

수산리는 물메 밭 담길 농촌 체험 치유 마을로 명칭은 '정상에 못이 있는 물메오름(수산봉) 주변에 형성된 마을'이라는 데서 유래되었다. 정상에서부터 마을을 통과하는 올레길 곳곳에는 우리나라 유명 시인들의 시를 돌에 새겨 시비(詩碑)를 세워 인문학을 사랑하는 마을임을 느끼게 했다. 마을의 수호목 곰솔, 수산봉 정상의 봉수대, 기우제단, 시장터 등 유적이 많은 마을이다.

구불구불 이어진 밭길을 지나 소나무들이 무성한 오솔길을 걷다 보면 삼별초의 마지막 보루였던 항파두리 유적지를 만난다. 고려 조정이 몽골의 침입을 받고 굴욕적인 강화를 맺는 것에 반대해 끝까지 몽골에 대항해 싸울 것을 주장한 삼별초가 강화도와 진도를 거쳐 제주도로 내려와 2년 6개월 동안 여·몽 연합군에 맞서 싸우던 곳이다.

차도 옆 장수물 방향의 숲길로 들어간다. 초소처럼 보이는 조그만 집이 있어 들여다보니 항몽과 관련된 곳이다. 초소 내부에 있는 글을 읽어보니 외세 침략에 맞서 싸운 삼별초에 대한 칭송의 글이 적혀 있다.

그들은
무신 정권의 버팀목이었고
역사의 승자에게는 반역의 무리였다.

그들은
새로운 고려를 꿈꾸기도 했고
외세의 침략에 맞서 싸운 용감한 군대였다

무엇보다 그들은
전란의 시대를 온몸으로 부딪쳐야만 했던
고려의 백성이었다

정자를 향해 올라가는 데크 옆에는 만발한 국화꽃이 피어 수채화를 보는 것만 같다. 정자를 지나 도로를 향해 내려가니 꽤 넓은 규모의 코스모스 공원이 나왔다. 유치원생들 10여 명이 모여 선생님 말에 따라 예쁜 포즈를 취하며 사진을 찍고 있었다.

항파누리 코스모스 공원을 지나 항몽 토성을 따라 넓은 잔디 사이의 오솔길을 걸었다. 올레길 옆으로 감귤밭 전경이 연이어 펼쳐졌다.

항파누리 코스모스 꽃밭

청화 마을 입구를 알리는 표식과 버스 시간표가 안내되어 있다. 마을을 통과해 끝날 즈음 무지개 색깔로 예쁘게 단장한 광령 초등학교가 있다.

오후 4시에 서울로 돌아가야 해서 조금 서둘러 걸었다. 여섯 시간 이상 걸릴 것으로 생각했는데 예상보다 빠르게 5시간 만에 종착지인 광령 1리 사무소 앞에 도착했다. (2020. 10. 19)

코스모스 꽃

하늘이 외로워서
같이
춤을 추며

그윽한 눈빛으로
살며시
미소 짓는다

스치는 작은 바람
춤추는
분홍빛 순정
코스모스는
지순한
그리움을 향한다

사랑으로 꽃을 보니
더 사랑스러워
웃음으로 답한다

17코스

도두봉에서 보는 한라산과 제주 전경

광령 1리 사무소 → 무수천길 → 외도동 월대 → 이호테우 해수욕장 → 도두봉 →
방사탑 → 어영소 공원 → 용두암&용연 → 관덕정 간세 라운지(18.1㎞, 6시간)

어제 오후 7시 30분, 제주 공항에 도착하자 렌트카를 빌린 후 예약한
숙소로 이동했다. 지난 4월 친구들과 이용했던 숙소라서 위치나 주변
풍경이 낯설지 않아 정감이 갔다.

아침 일찍 일어나 지난 봄에 맛있게 먹었던 인근의 오가네 전복 설렁
탕 식당을 찾았다. 토요일이라서 식당에는 사람들이 많았다. 오랜 시간
을 기다린 끝에 식사를 해결하고 올레길 17코스 시작점인 광령 1리 사
무소 주차장을 찾았다.

날씨는 약간 흐렸지만 오히려 올레길 걷기에는 적당하다. 싱그러운 바다 냄새가 코끝을 자극하고 시원한 바람이 불었다. 걷기 좋은 날씨 덕분에 올레길을 출발하는 발걸음이 가볍다. 우리 앞에는 올레길 차림의 아저씨 일행이 바쁜 걸음으로 지나간다.

지금은 물이 말라 볼품없지만 비가 내려 계곡에 물이 흐른다면 너무나 멋질 무수천을 따라 걸었다. 무수천이라는 이름은 복잡한 인간사의 근심을 없애 준다는 뜻을 가졌다. 한라산 장구목 서북 계곡에서 시작된 물줄기가 25㎞를 흘러 이곳 외도동 앞바다까지 이어진 것이다.

올레 리본을 보며 걷다가 표식을 놓쳤다. 걷다 보면 다시 올레길을 만나겠지 하는 막연한 생각으로 계속 걸었다. 하지만 상당한 거리를 걸었는데도 올레 표식을 만날 수가 없었다. 스마트폰에서 네이버 지도를 펴고 현재 위치를 확인했다. 정상적인 올레길이 아닌 걸 확인하고 걸어왔던 거리가 아쉽지만 다시 지나왔던 길로 돌아갔다.

거의 3㎞ 거리를 돌아가서 다시 올레길을 만났다. 어디에서 길을 놓쳤나 곰곰 생각해 보니 무수천 다리를 건너 U턴해야 하는데 올레 표식을 찾지 못하고 도로를 따라 직진해서 갔던 것이다. 주의해야 할 이곳은 무수천길에서 빠져 나오면 보이는 나이스 호텔 지점이다. 왕복 거리로 무려 6㎞를 헛걸음했지만 정확한 올레길을 찾아 다시 걸으니 이만해도 다행이라는 생각이다.

청춘, 제주 올레길을 걸어라

'외도 물길 20리'라는 안내판이 있는 월대를 만났다. 월대는 물길이 흐르는 외도 천변에 인접해 있는 편평한 대를 일컫는다. 도근천과 외도천이 합류하는 곳에 있으며 주위에는 5백여 년 된 팽나무와 해송이 늘어져 있어 경관이 좋은 곳이다.

외도 물길

해안길을 따라 걸을 수 있는 외도 포구에 다다랐다. 외도동은 맑고 시원한 물이 흐르는 월대천이 있다. 파도가 작은 먹돌 사이로 흩어지며 자연의 소리를 내뿜는 알작지 해안가로 유명한 도심 속의 아름다운 마을이다.

외도 물길 20리 표지를 보고 걷다 보면 내도바당길로 이어진다. 바다와 이어져 보이도록 파란색을 칠한 방파제가 눈에 들어온다. 내도바당길부터는 제주도의 바다를 바라보며 걸을 수 있다. 바다를 만나 시야가 맑으니 마음이 편안해지고 발걸음이 가벼워진다.

해안 도로를 따라 걸으면 내도동 방사탑을 지난다. 방사탑은 마을의 어느 한 방위에 불길한 징조가 보이거나 지형이 터져서 허할 때 그것을 막기 위해서 세웠던 돌탑을 말한다. 즉 내도동 방사탑은 바다에서 마을로 들어오는 부정을 막기 위해 해안가에 세워졌다.

해안로 방사탑

바닷길을 따라 걷다 보니 이호테우 해수욕장에 다다랐다. 테우는 보통 10개 남짓의 통나무로 엮어 만든 배로 가장 원시적이면서도 제작이 간편한 어로 이동 수단이었다. 예전 제주에서는 한라산의 구상나무가 테우의 주재료였다.

　테우는 주로 연안 어로나 해초 채취를 위해 사용하기도 하지만 종종 멸치나 자리돔을 잡을 때 '사둘'이란 어구를 함께 사용해 활용하기도 한다. 지금은 올레길 6코스 쇠소깍에서 테우를 체험해 볼 수가 있다.

　이호테우 해변은 트로이 목마와 같이 생긴 흰색과 빨간색 모형의 등대로 유명한 해변이다. 적당하게 더운 초여름 날씨여서 많은 사람들이 서핑 보드를 타거나 해수욕을 하며 바다를 한껏 즐기고 있었다.

이호테우 해변의 트로이 목마형 등대

　맨 먼저
　나는 수평선에 눈을 베었다

그리고 워럭 달려든 파도에

귀를 찢기고

그래도 할 말이 있느냐고 묻는다

그저 바다만의 세상 하면서

당하고 있었다

내 눈이 그렇게 유쾌하게

베인 적은 없었다

내 귀가 그렇게 유쾌하게

찢긴 적은 없었다

이생진의 「수평선」에서

하늘은 높고 푸르렀다. 또 해변가 길에는 쉬어 가기 좋은 정자와 함께 의자들이 있어서 잠시 휴식을 취할 수 있다. 또한 올레길을 걷다 보면 곳곳에 바다뷰가 좋은 카페가 있어 젊은이들에게 핫플레이스로 인기가 많다. 우리도 'INGRID'라는 카페에 들어가 시원한 아이스 아메리카노 한잔 마시며 휴식을 취했다.

올레길에서 만난 벽화, 즉 해변로를 따라 있는 방파제에 그려진 파란 색의 바다 그림은 마치 진짜 바다를 보는 듯 해서 사람들로 하여금 자연 스레 미소가 흘러나오게 만든다.

도두동 추억의 거리를 지나간다. 돌고래와 같은 조형물도 있었다. 거리를 지나면서 방파제 너머의 바다에서 불쑥 돌고래가 나타날 것 같은

청춘, 제주 올래길을 걸어라

즐거운 상상을 하게 된다.

도두동을 한자어로 풀어 보면 '섬 머리'다. 그래서 도두동 추억의 거리에는 「섬머리 사람들은」이라는 김길웅 시인의 시비가 세워져 있다. 이 시의 첫 부분은 "섬머리 사람들은 비록 비행기 소리엔 귀 틀어 막지만 얼음보다 차가운 오래물이 있어 이곳에 산다"는 내용이다. 정말 이 지역은 귀가 먹먹할 정도로 비행기가 많이 지나갔다.

보기에도 높이가 낮고 아담한 도두봉이다. 도두봉을 오르는 데크에 들어서자 숲속 해안가를 따라 산책로가 잘 만들어져 있다. 도두봉에 오르는 길은 해안 조망을 감상하며 걷는다. 도두봉에 올라서니 제주 공항을 비롯해 제주 시내가 잘 보인다. 정상의 넓은 데크에서 쉬면서 제주 공항의 비행기가 뜨고 내리는 모습을 바라본다.

공항에서 가까워 많은 사람들이 찾는 도두봉에는 관광객들이 바다를 배경으로 사진을 찍기도 하고 제주시를 바라보면서 시간을 보내고 있었다. 잠시 휴식을 취한 후 올레 리본을 따라 내려갔다. 장안사 앞에서 이어지는 올레길을 찾아 걸었다.

해안 도로를 걷다 보니 'PAIK'S 커피'라는 흰색 건물의 대형 커피숍이 눈에 들어왔다. TV에서 많이 봤던 백종원 쉐프의 얼굴이 그려진 입간판이 있는 빽다방이다. 건물 앞 주차장에는 승용차들이 많다. 조금 더 걸으니 바다를 조망하는 '앙뚜아 네트'라는 분위기 좋은 카페가 또 나왔다. 이곳은 렌트카 반납 장소와 공항이 가까워서 서울로 올라갈 때 자투리 시간을 보내기에 좋을 것 같다.

해안 도로 옆에 세워진 모형 비행기, 방사탑, 로렐라이 요정 청동상, 넓은 초지 등을 지나갔다. 하늘에는 비행기가 굉음을 내며 머리 위로 떨어질 듯 낮게 날았다. 걷다 보니 어느새 중간 스템프를 찍는 "어영소 공원"에 도착했다.

◀ 로렐라이 요정 청동상

◀ 해변로의 넓은 초원 쉼터

어영 마을을 지날 때는 해변가에 동상과 함께 많은 조형물이 설치되

청춘, 제주 올레길을 걸어라

어 있는데 물고기와 소라 등 다양한 바다 생물들이 그 대상이다.

　해안가 명품 바위로 유명한 용두암이다. 용두암은 용연의 서쪽 바닷가에 있는 용암 바위다. 점성이 높은 용암이 위로 뿜어 올라가면서 만들어졌다. 용암이 굳은 뒤 파도에 깎이면서 그 모양이 용의 머리처럼 만들어졌다.

용두암 ▶

용연 ▶

　용연 다리를 지나간다. 용연은 제주시의 중심부를 남북으로 흐르는 한천이 바다와 만나는 자리에 있는 작은 연못이다. 한천의 하구는 오랜 침식을 겪으며 주상 절리가 발달해 깊은 계곡이 되었다.

　동한두기를 지나가고, 주택가를 지나서 관덕정에 이르렀다. 관덕정은 서울의 남대문, 동대문처럼 제주도의 랜드마크이다. 제주도에서 현존하는 가장 오래된 관아 건물이라고 한다. 병사를 훈련시킬 목적으로 창건되었다.

　올레길 17코스 종점에 도착했다. 간세 라운지라 불리는 '관덕정 분식점'에 들어갔다. 음식점과 올레 안내소를 겸한 쾌적한 공간이다. 지친 몸을 달래기 위해 시원한 밀크 쉐이크를 마시며 휴식을 취했다.

　간세 라운지에 근무하는 올레지기가 자부심을 가진 목소리로 올레길에 관한 설명을 한다. 올레지기의 친절한 설명에 보답하고자 올레와 관련된 책과 소품(양말)을 구매했다. 숙소로 돌아와 치맥을 앞에 놓고 무수천길과 이호테우 해변, 용두암과 용연, 어영소 공원 등 올레 17코스의 명소를 되돌아보며 하루를 마감했다. (2021. 6. 5)

제주도 푸른 밤

　바닷가 푸른 밤
　청명한 파도 소리 들리고
　피부 적시는

소금기 가득한 바람

꿈에 젖어
은은하게 빛나는 바다
푸른 별빛
바닷물에 춤춘다

바다의 노래는
모래알처럼 잘게 부서져
마음에 쌓여
그리움으로 피어나고

밤 더욱 깊어지면
어둠 저 너머 미지 세계로
갈매기 함께
꿈 찾아 날아가네

18코스

낙조가 아름다운 길, 사라봉

조천 만세 동산 → 연북정 → 신촌 포구 → 삼양 해수욕장 → 화북 포구 → 별도봉 → 사라봉 → 제주항 여객 터미널 → 간세 라운지(19.8㎞, 6시간)

제주도 2박 3일 여행의 첫날이다. 김포 공항에서 6시 50분 새벽 비행기를 탔다.

제주 공항에 내려 L 렌트카에서 소나타 차량을 빌렸다. 예전 차량과 다르게 조종 스틱이 없이 버튼으로 동작하는 최신 모델이다. 처음에는 어색했으나 곧 적응이 되었고, 출고한 지 얼마되지 않은 신차라서 승차감이나 쾌적한 분위기가 좋았다.

그동안 제주 올레길은 1코스부터 10코스까지 완주했다. 일정과 걷는 거리 등을 고려해서 이번 올레길에서는 중간을 건너 18~20코스를 걸으

청춘, 제주 올레길을 걸어라

려고 한다.

18코스는 제주 원도심에서 조천 만세 동산까지를 말한다. 내비게이션을 켜고 시작점으로 가는데, 출발 장소를 제대로 찾을 수가 없었다. 그래서 방향을 돌려 18코스의 역방향 시작점인 조천 만세 동산 주차장으로 갔다. 다시 생각해 보니 시작점이 제주 심장부 도심이라 주차장이 없거나 협소할 거라는 생각이 들었다. 어찌 보면 이런 상황까지 고려해서 안내하는 네비가 기특하기도 했다.

올레길은 순방향과 역방향이 있지만 굳이 순방향으로 걸어야 할 필요는 없다. 오늘처럼 상황에 따라 역방향으로 걸어도 좋다. 올레는 얽매이지 않는 자유다. 꼭 정해진 코스의 시작이 있고 끝이 있는 건 아니다. 컨디션이 안 좋으면 조금 덜 가도 되고, 시간적으로 여유가 있으면 조금 더 걸어도 된다. 올레의 풍광을 즐기며 자기만의 속도로 천천히 걸으면 된다.

올레길 전 코스를 돌기 위한 목적이 되어 버린 패스포트를 꺼내 스템프 인증을 하고 올레길을 시작했다. 스템프 찍는 곳 뒤편이 조천 만세 동산과 제주항일기념관공원이 있다.

조천 만세 동산은 제주시 조천읍 신북로에 위치한 조그만 언덕으로 원래는 미밋 동산으로 불렸다. 전국 각지에서 독립 만세 운동이 불길처럼 일어나자 조천 지역의 14인 동지(김시범, 김시은, 김장환, 김필원 등)의 주도로 독립 만세를 외쳤던 곳이다. 1997년 제52주년 광복절에 제주항일기념관이 개관하였다. 현재 3·1 독립운동기념탑과 추모탑이 함께 조성되어 있다.

18코스는 시작부터 가정집의 벽화를 보면서 해안가를 향해 운치 있는
작은 들길을 지나간다. 길은 오솔길로 이어지면서 아기자기한 즐거움
을 준다. 돌담길 사이를 조금 걸으면 바로 조천 포구가 나온다. 이 길은
임금을 그리워하며 올랐다는 연북정을 지난다.

조천 포구 전경

연북정(戀北亭)은 1971년 8월 26일 제주도 유형 문화재 제3호로 지정되
었다. 기록에 따르면 1590년(선조 23년) 당시의 조천관을 다시 짓고 쌍
벽정이라 하였다가 1599년에 다시 건물을 짓고 연북정이라고 이름을
바꾸었다. 이것은 유배되어 온 사람들이 제주의 관문인 이곳에서 한양

청춘, 제주 올레길을 걸어라

의 기쁜 소식을 기다리면서 북쪽의 임금에 대한 사모의 충정을 보낸다
하여 붙인 이름이다.

평일이라 그런지 올레길 걷는 사람이 없었다. 오히려 한적하여 조용
한 시골길 분위기를 즐기며 걷기에 너무 좋았다. 이 코스의 대부분은 해
안가를 따라 걷는 길이다. 빗물이 흐르다 솟아나서 흐르는 용천수인 장
수물이 있는 지역을 지난다. 옛날 남, 녀 목욕탕으로 사용하던 장소인데
동네를 지날 때마다 여러 번 장수물이 나온다.

장수물은 크기가 크고 물이 많아서 설문대할망이 한 발은 장수물에
또 한 발은 관탈섬에 딛고 빨래를 했다는
전설이 내려온다. 다리를 놓으면서 훼손
되었으나 여전히 물이 많고 다리 밑에는
용천수를 둘러쌓았던 돌담의 흔적이 남
아 있다.

파란 하늘을 배경으로 옥빛 바다가 아
름답게 펼쳐졌다. 해안가를 벗어나 산촌
에서 시작되는 산길로 들어간다. 이 길은
불탑사, 원당사, 문강사 등 절들이 있는
원당길을 지나간다.

해안로 걷다 보면 자주 보이는 등대

예쁜 들길을 따라 중간 스템프 인증 지

역인 화북 포구 삼양 해수욕장 방향으로 걸었다. 이곳에서 점심 식사를 하려고 주변을 돌아다녔다. 마땅한 식당이 없어 '다올 집밥'이라는 식당을 찾아 대충 배고픔을 면했다.

해수욕장을 벗어나면 도로를 조금 걷다가 별도봉 연대길을 거쳐 사라봉을 오르게 된다. 별도봉 둘레길을 걷다 보면 광활한 바다가 한눈에 들어오고 제주 국제 부두가 눈앞에 펼쳐진다. 별도 연대를 지나 낙조가 아름답다는 영주 10경의 하나인 사라봉에 올랐다. 사라봉은 비록 148m에 불과한 낮은 봉우리지만 이곳에서 보는 낙조는 그 어느 곳에서도 찾아볼 수 없는 황홀한 절경과 바다로 떨어지는 태양의 신비로운 장관을 볼 수 있다.

별도봉 둘레길에서 보는 국제 부두

정상에는 망양정이라는 정자를 세워 바다와 제주 시내를 동시에 전망할 수 있도록 했다. 사라봉에서 제주 도심으로 이어지는 주택가 올레길을 걸었다. 책과 TV 드라마로 보았던 김만덕 거상의 생활 터전이었던 건업동을 지나간다. 가정집 벽에는 제주의 생활상을 나타내는 벽화가 실감나게 그려져 있다.

드디어 6시간 만에 올레길을 마쳤다. 적당한 간격으로 부착된 올레 리본을 보고 길을 찾아 제주 원도심의 출발지인 동문시장 부근에 있는 간세 라운지에 도착했다. (2019. 11. 5)

나의 고향 제주 바다

제주에 오고 나서야
이곳이
나를 위로해 주는 고향임을 알았다.

바다를 향해
두 팔 벌려
그 거대한 품에 안긴다

제주를 제대로 알기 위해서
올레길을 걷는다

걸어도 걸어도
바다는
마음을 열어 주지 않는다

떠나면 그리워하고,
그리워하다

다시 찾아와서 위안을 얻는
제주는
나의 고향이다

18-1코스

바람이 허락해야 갈 수 있는 추자도

상추자항 → 봉골레산 → 영흥리 벽화 마을 → 등대 → 추자 대교 → 돈대산 → 엄
바위 → 예초리 → 신양항 → 묵리 슈퍼 → 추자 대교 → 등대 관리소 → 영흥 쉼
터 → 상추자항(18.5㎞, 5시간)

한반도와 제주 본섬의 중간 지점에 위치한 추자도는 상, 하추자, 추
포, 횡간도 4개의 유인도와 38개의 무인도를 합쳐 42개의 군도로 형성
되어 있다.

1271년(고려 원종 12년)까지 후풍도라 불리웠다. 추자도라는 지명은
전남 영암군에 소속될 무렵부터 추자도라 불리게 되었다는 설과 조선
태조 5년 섬에 추자나무 숲이 무성하여 추자도라 불렀다는 설이 있다.

묵묵하게 빛나는 그 이름 추자도는
검은가리, 두령여, 보름섬을 거느리고
푸른 파도 쉼 없이 넘실대며
춤을 추는 섬

하늘과 바다가 맞닿은 해변 자갈
잔잔한 파도에 구르다
둥글해진 몸매를 뽐내면서
뭍과 섬을 이어 준다

추자도를 크게 한 바퀴 돌면서
거센 파도 물결에도 무서움 없이
더욱 더 힘차게
갈매기들 높이 날아다니며

오르락내리락 써핑 보드 타듯
제 흥에 겨워 출렁이며
파도에 잠길 듯 말 듯 재롱을 피다가
물 한 모금 적시며 쉬어 가는 섬

바람이 허락해야 들어설 수
있는 섬, 추자도
'남자의 섬'이라 불러도 손색 없는

로망의 아름다운 섬

벼르고 별러 찾아가니
그 명성 그대로
파란 하늘, 옥빛 바다 조기잡이 배
참 여유로운 풍경이다

선착장에 발을 딛는 순간부터 섬의 공기가 다르다. 소금기를 품은 짭조름한 바다 냄새에 금계국 향을 담은 샛노란 초여름의 냄새가 묻어났다. 추자도는 제주도 연안 여객 터미널에서 쾌속선을 타고 1시간 10분가량 가야 한다. 내륙을 향하는 북쪽의 반농 반어촌 섬이다.

추자도 올레길의 출발점인 대가리 면사무소를 찾았다. 이곳에 추자도 여행자 센터가 있고 올레 패스에 인증 스탬프를 찍는 곳이다. 센터 안내 직원에게 추자도 올레길에 대한 설명을 간단하게 듣고 올레길을 출발했다.

면사무소 우측으로 들어가면 최영 장군 사당으로 가는 길이다. 알록달록하게 색칠이 된 추자 초등학교를 지나 200미터를 올라가면 최영 장군 사당이 있다. 사당은 추자도 주민이 고려 후기 명장군이었던 최영 장군을 기리는 곳이다.

추자도 여행자 센터 앞에서

땅바닥의 공기가 뜨거워지는 유월이면 길가의 아름다운 꽃들이 뭍에서 찾아온 여행객들을 반갑게 맞아 준다. 빠알간 양귀비꽃이 무더기로 피어 있는 곳을 지난다. 봉골레산 정상에 오르니 건너편에 멋진 산 풍경이 펼쳐졌다.

봉골레산에서 내려가면 넓은 도로를 만난다. 오른쪽은 나바론길로 가게 되고, 추자 올레길은 왼쪽의 마을로 들어간다. 올레길을 알려 주는 파란색의 이정표는 마을 골목길 곳곳에 제자리를 지키고 있다. 순효각을 지나 추자처사각으로 가는 길로 들어선다. 이곳이 타일로 벽화를 그린 영흥리 벽화 마을이다.

영흥리 벽화 마을

청춘, 제주 올레길을 걸어라

약간 가파른 언덕길을 오르면 추자처서각이다. 이곳은 처사 박인택을 추모하기 위해 후손들이 건립한 사당이다. 박인택은 조선 중기에 추자도에 유배를 와서 주민들 병을 치료도 해 주고 불교 교리를 가르쳤다고 한다.

능선에 올라서면 오른쪽은 나바론 절벽길로 이어지고, 왼쪽이 등대로 가는 길이다. 등대에 도착해 기둥에 부착된 올레길 이동 거리를 알려 주는 표식을 보니 이제 3㎞를 걸었다. 여기서 계속 오솔길을 내려가면 바랑캐 쉼터를 만난다.

바랑캐 쉼터에 가만히 서 있으면 자연 그대로의 소박함을 느낄 수 있다. 제주로 돌아가는 배 시간 때문에 마음은 바쁘지만 여유를 갖고 달팽이처럼 느릿느릿 걸음을 옮겨 본다. 해변을 조망하며 조금 더 걸으면 추자 대교를 만난다.

이렇게 걸어가면서 저 아름다운 해안 절벽과 푸른 바다, 추자 군도를 눈에 담는 일이 얼마나 가슴 떨리는 경험인지 새삼 깨닫게 된다. 말로만 듣던 추자도가 이렇게 아름다운 섬이라는 걸 다시 인정하게 된다.

추자 대교를 건너면 왼쪽에 추자도를 상징하는 커다란 참조기 조형물이 세워져 있다. 바로 정면 숲으로 오르는 길은 돈대산 정상으로 가는 길이다. 올레길은 우측 도로를 따라 묵리 마을 방향으로 가야 한다. 이쪽으로 올레길 리본이 달려 있다.

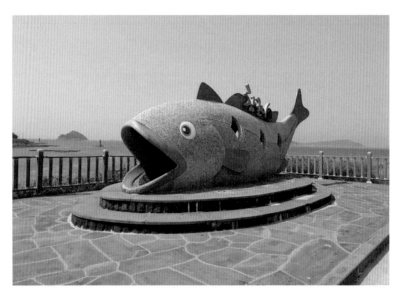

추자도의 상징 참조기 상

올레 정식 코스는 신양항으로 향하는 해안 도로를 먼저 걸은 후 돈대산을 나중에 들려서 넘어오는 순서이다. 하지만 우리는 블랙야크 섬&산 인증을 하기 위해 돈대산을 먼저 올라가기로 했다. 나뭇잎 사이로 햇살이 스며드는 푸른 숲길을 걸었다.

돈대산 정상에는 팔각 정자 2개가 만들어져 있다. 더운 날씨임에도 온몸에 추위를 느낄 정도로 시원한 바닷바람이 불었다. 잔잔하게 파도가 일렁이며 수평선이 아득하게 보였다. 수평선 가까운 하늘뿐 아니라 바다도 섬도 태양빛으로 붉게 물들었다.

눈앞에 보이는 추자도의 모든 풍경이 장엄하고 신비하다. 풍경은 사람 그릇의 크기만큼 느끼고 볼 수 있다고 누군가 말했다. 어디 눈에 보이는 풍경뿐만 그런가 눈에 보이지 않는 행복도 그렇다.

돈대산을 내려와 예초리 포구를 향해 걸었다. 엄바위 장승 앞을 지난다. 옛날에 엄 씨 성을 가진 장사가 있었다. 엄바위 아래 바닷가에 "장사 공돌"이라는 바위 다섯 개가 있었는데 그는 이 바윗돌로 공기놀이를 즐겼다고 한다. 그러던 어느 날 횡간도로 건너 뛰다가 미끄러져서 빠져 죽었다. 그런 이유로 예초리와 횡간도 사람들은 서로 결혼하지 않는다고 한다.

예초리에서 상추자항으로 가는 추자도 순환 버스가 매시 30분마다 출발한다. 시간을 단축하기 위해 여기까지 버스를 타고 와서 해안 도로를 따라 상추자항으로 걸어가는 여행객들이 더러 보였다.

예초리 버스 정류장까지 걸었다. 여기서 계속해서 황경한의 묘, 신양항으로 가는 해안 도로를 걸어야 했다. 하지만 배를 타야 하는 시간 관계상 바로 신양항으로 가로질러 가는 길을 걷기 위해 다시 지나온 길을 되돌아가 갔다.

모진이 직지 해수욕장, 하추자 면사무소, 신양항, 신양 상회, 추자 중학교를 거쳐 추자도 올레길 중간 스탬프를 찍는 묵리슈퍼에 도착했다. 스탬프를 찍고 가게에 들어가 빵과 시원한 음료를 구입해 허기와 목마름을 달랬다.

묵리 마을은 해가 늦게 뜨고 해가 일찍 진다. 마을 앞에 작지(자갈밭)가 있어 조선 후기에는 묵지로 기록되어 있다. 한라산의 아름다운 자태와 섬생이와 수영여 사이로 지는 일몰은 한 폭의 동양화처럼 아름답다.

해안 도로를 따라 걸으면 묵리 낱말 고개를 지나고 바다를 조망하는 언덕에 오르게 된다. 이곳에는 "제주의 시작 추자도"라는 타이틀을 가진 멋진 포토존이 만들어져 있다. 그냥 지나칠 수가 없어 인증샷을 찍는다. 이곳에서 보는 섬과 바다 조망이 매우 아름답다.

도로 한편에 있는 양귀비와 금계국 꽃밭을 지나간다. 하추자도를 한 바퀴 돌아 오전에 건너 왔던 추자 대교를 건너 다시 상추자 선착장에 도착했다. 시간을 보니 3시 40분이다. 계획된 시간보다 20분이나 일찍 도착했다.

오전에 무심히 지나쳤던 무인 카페가 눈에 들어왔다. 시원한 카페 안에서 얼음 커피를 마시니 이제야 여유가 생긴다. 너무나 아름다운 추자도를 하루만에 이렇게 허겁지겁 다녀오는 여행 일정이 다소 무리라는 생각이 들었다. 다음에는 1박 2일의 여유로운 일정으로 추자도 여행을 해야겠다고 다짐한다. (2021. 6. 6)

청춘, 제주 올레길을 걸어라

묵리 낱말 고개

묵리 고개에 있는 추자도포토존

추자도 사람들

바다를 본다
떠나간 이들을 생각하고
떠나간 이들이 돌아올 바다를 본다
함께할 섬의 내일을 생각한다

담는다
섬의 풍경을 담고
섬에 사는 사람들을 닮고
그들의 여유로운 생활 모습을 닮는다

사람들은
바다를 보면서
더불어 사는 습성에 익숙해지며
추자도의 내일을 생각하며 섬을 지킨다

19코스

해안 풍경이 아름다운 함덕

조천 만세 동산 → 신흥리 백사장 → 함덕 해수욕장 → 서우봉 → 4·3 기념관 →
북촌 포구 동명대 → 동복리 → 감녕 농로 → 김녕서 포구(19.4㎞, 5시간 30분)

제주 올레길 19코스는 조천 만세 동산에서 시작해 김녕서 포구에서
끝난다. 함덕에서 서우봉 오르는 길에서만 약간 숨이 가쁘다. 그 외 구
간은 대체로 평탄하다. 오늘도 올레길의 시작은 올레 패스포트에 스템
프를 찍으면서 시작된다.

제주 올레길은 세계 여러 곳의 유명한 도보 여행길과 연계하여 운영
하는데, 그중에서 올레길 19코스 우정의 길은 서호주 비블먼 트랙과 협
약을 맺었다고 한다.

올레길의 시작인 안내 리본이 보이지는 않지만 우선 바다 쪽 해안으로 나가는 도로를 따라 걷는다. 오른쪽에는 만세 동산의 기념탑이 우뚝 서 있다. 길가에 있는 이름 모르는 열매가 주렁주렁 달린 나무를 쳐다보며 그 이름을 궁금해하며 걷는다. 길을 걷다 보면 소박하게 꽃을 피운 야생화가 곳곳에 피어 있다.

해안로에 있는 비행기 모형 광고판

파란 코발트 빛 바다가 펼쳐졌다. 바다를 향해 있는 바하마라는 이름의 펜션이 보였다. '바다와 하늘이 마주 보이는 곳'이라는 글에서 첫 글자를 따서 바하마라고 이름을 지었다. 눈에 확 들어오는 부동산 광고를 하는 모형 비행기가 있는 길을 지난다. 해안길에는 납작한 돌판으로 튼튼하게 만든 테이블이 놓여져 있다. 차 한잔 마시면서 잠시 쉬어 가기에 좋다.

올레길은 문어 라면으로 유명한 문개항아리 식당 뒷쪽 길로 이어졌다. 라면 전문 음식점은 유명 쉐프 백종원도 칭찬을 했다고 한다. 〈황금나침반〉 등 TV 프로그램에 소개되었다고 음식점 외부에 광고가 붙어 있다.

문어 라면으로 유명한 식당   식당 옆 포토존에서

해안가를 따라 도로가 만들어져 있다. 이 도로를 걸어가면 바다 속에 해조류를 심어 청정 바다 숲을 조성했다는 신흥리 바다에 도착한다.

오목하게 들어온 곳에 작은 백사장이 만들어져 있고, 또 이곳에는 바닷속을 유영하는 모습의 해녀상이 세워져 있다. 밀물 때에는 맑고 투명한 물빛이 신비롭고, 썰물 때에는 백사장 전체에 물이 모두 빠져 장관을 이룬다고 한다.

양식장을 지나고 방파제를 지나면 올레길은 해안길이 아닌 마을을 거치게 된다. 조경이 잘된 넓은 정원을 가진 제주 다문화 교육 센터인 신흥 초등학교 옛 배움터를 지나게 된다.

다시 해변으로 이어지는 길로 나섰다. 서울대공원에서 돌고래 쇼에 출연했었던 고래인 남방큰돌고래가 고향인 바다의 품에 돌아가도록 방류된 그 바닷가에 섰다.

돌고래 쇼에 출연했던 돌고래 상 앞에서

해변 도로를 따라 호텔, 리조트 등 큰 건물들이 보이기 시작한다. 모래밭이 넓게 펼쳐진 함덕 해수욕장에 도착했다. 주변에는 대형 식당 및 멋진 카페가 많다. 평일이지만 많은 사람들이 보였다.

백사장에는 웨딩 사진을 찍는 신혼 부부도 보였고, 멋진 인생샷을 남기려는 젊은 남녀들로 북적거렸다. 노후의 여유를 즐기려는 중년 여성들이 바닷가에 있는 대형 카페에 모여 이야기꽃을 피우는 모습이 보기 좋다.

청춘, 제주 올레길을 걸어라

서우봉 가는 해변길

올레길 19코스에서는 평지의 해변길을 걷다가 약간 힘들다고 하는 서
우봉(높이 111m) 오름을 지난다. 이곳의 바다 수평선 위로 연출되는 붉
은 노을 풍경이 장관이라고 한다.

서우봉을 넘어가면 북촌이다. 이곳에도 일제 시대에 만들어진 진지
동굴이 많다. 이런 흔적을 볼 때마다 지나간 아픈 역사가 생각나서 가슴
한편으로 애잔하다.

북촌 환해장성을 지난다. 해안에서 약 400미터 떨어져 3~4개의 바위
섬으로 이어진 무인도인 다려도가 보인다. 일명 물개를 닮았다 하여 달
서도라고도 한다.

다시 숲속 길로 들어선다. 먼 바다에는 커다란 풍력 발전기가 돌아가는 게 보인다. 동북리 마을의 숲속에 조그만 운동장이 있고, 정자 옆에 올레 중간 스템프가 있다.

마을을 지나간다. 곳곳에 대형 비닐하우스가 많다. 감귤을 재배하는 비닐하우스다. 파란 밭이 하늘과 맞닿아 있고, 이국적 정취의 빨간 풍차 마을을 지나면 오늘의 목적지인 김녕서 포구에 도착한다. (2019. 11. 6)

제주 해변가를 걸으며

오늘 하늘,
바다 물빛이 맑다

파란 하늘빛 물든 바다는
몸짓이 가볍다

에메랄드빛
바다색 곱고 투명하니

그 안에
네 얼굴이 맑게 비친다

아, 꽃이다

부끄러워 어쩔 줄 모르는

꽃이
바람에 살랑거린다

20코스

제주의 자연, 숲과 바다를 만끽하는

김녕서 포구 복지 회관 → 성세기 해변 → 환해장성 → 밭담 테마 공원 → 월정리 해변 → 행원 포구 → 평대 마을 → 제주 해녀 박물관(17.4㎞, 5시간)

봄에 방문하고는 오랜간만에 찾은 4박 5일간의 제주 여행이다. 제주 공항에 내리니 'HELLO JEJU' 입간판이 반긴다. 코로나19 예방을 위해 하르방이 마스크를 꼭 착용하고 다니라며 무서운 얼굴을 하고 서 있다.

지난번 2박 3일 여정에서 올레길 18, 19, 21코스를 걸으면서 중간에 빼놓았던 20코스부터 먼저 걷기로 했다.

시작점인 김녕서 포구에 도착하니 푸른 하늘과 바다가 격하게 나를 반긴다. 김녕리는 제주시에서 동쪽으로 약 22㎞ 떨어진 해안가에 위치한 마을이다. 사람이 살기 시작한 것은 그 연대가 확실하지 않으나 궤내기 굴에서 선사시대 유물들이 발굴되는 점 등으로 보아 그 연대가 약 2천 년 전후로 추측된다. 고려시대에 김녕현이라는 명칭으로 처음 나온다.

올레길 패스포트에 스템프를 찍었다. 파란 바다를 배경으로 기념 사진을 찍고 난 후 걷기 시작했다. 해변을 따라 걸으면 해녀 마을 쉼터를 지나고 "조금 불편해도 괜찮아"라는 글과 해녀 등 그림이 그려진 예쁜 마을을 지나간다.

20코스 출발 지점에서

밀물일 때는 바닷물에 잠기고 썰물일 때는 드러나는 해안선 사이의 부분이며 거북등처럼 암석이 갈라진 조간대를 지나간다.

조금 더 걸으면 민간 등대인 도대불을 만난다. 등댓불은 해 질 무렵 바다로 나가는 어부들이 켰다가, 아침에 들어오는 어부들이 껐다. 연료로는 생선 기름이나 소나무 옹이를 쓰기도 했는데 나중에는 주로 석유를 이용했다.

출발지로부터 약 1㎞를 걸으니 작은 성(城)이 있었다고 이름 붙여진 성세기 해변인 김녕 해수욕장이 나왔다. 많은 사람들이 하얀 모래 해변에서 즐기는 모습이 보였다.

김녕 해변

청춘, 제주 올레길을 걸어라

제주 기념품 판매소를 겸한 횟집 간이 식당에서 "올레길 걷기도 식후경"이라고 간단하게 김밥과 라면으로 점심 식사를 하고 다시 출발한다.

해수욕장 부근에 있는 잔디밭 캠핑장이 있어 몇 동의 텐트를 치고 휴식을 취하는 사람들이 보였다. 캠핑은 얽매이지 않는 자유로움을 대변한다. 이곳 올레길을 성세기 태역(잔디)길이라고 부른다.

올레길은 바람으로 돌아가는 풍차가 바다와 들판 가운데에서 수십 기가 천천히 돌아가고 있다. 길 주변은 가을 들국화와 은빛 억새풀이 장관을 이룬다.

제주 해안을 길게 둘러친 장성이라 해서 '제주의 만리장성'이라 일컫는 환해장성(環海長城)을 만났다. 말 그대로 해안을 둘러 쌓은 성담이다. 환해장성은 1270년 고려의 관군이 삼별초의 입도를 막기 위해 쌓기 시작했으나 나중에는 고려군과 몽골군의 공격에 대비하는 것으로 바뀌게 되었다.

제주 밭담 테마 공원을 지나간다. 제주 밭담(Dry Stone Wall)은 1000년이 넘는 장구한 세월 동안 제주 선인들의 노력으로 한 땀, 한 땀 쌓아 올려진 농업 유산이다. 바람을 걸러 내고 토양 유실을 막아 내며 마소의 농경지 침입을 막아 농작물을 보호한다.

파란 하늘을 배경으로 억새풀 벌판을 가르는 두 줄기 오솔길을 따라 걷다 보니 어느새 5㎞를 걸었다.

억새밭 사이를 걷는 올레길

계속 들판을 걷다가 푸릇푸릇한 농작물이 자라는 마을을 지나간다. "바다, 별 그리고 아름다운 당신이 행복한"이라는 카피의 빌딩 카페들이 줄지어 있다. 조개껍질로 된 청정 해변을 끼고 있는 농촌 마을인 월정리 해변에 도착했다.

월정리 해변가를 걷다가 다리도 쉴겸 카페를 찾았다. "아보카도 커피"와 루프탑, 아름다운 뷰로 유명한 '그 초록'이라는 카페를 찾아 들어가려고 했다. 문을 여는데 문이 굳게 닫혀 있다. 영업을 하지 않는다. 다음에 들러 볼 것이라 다짐하고 아쉬운 발길을 돌려야만 했다.

청춘, 세주 올레길을 걸어라

이제 중간 스탬프를 찍는 행원 포구에 도착했다. 이곳에는 '행원 포구 광해군 기착비'가 세워져 있는데 조선 15대 임금 광해군이 제주로 유배 와 배에서 처음으로 내렸다는 곳이다. 포구 주변에는 해녀 조각상과 해녀의 노래비가 세워져 있고, 해녀의 쉼터와 해산물 직매장이 있다.

다시 마을길로 들어서면 올레길 20코스의 절반 거리인 9㎞ 지점이다. 돌담 사이에 잘 닦여진 길을 걸어가면 눈앞에는 커다란 풍차가 천천히 돌아간다. 숲길에 들어서면 조선시대 군사, 통신 시설이었던 봉수대를 지나가고 이어서 도로를 만난다.

야자수가 길게 늘어선 이국적인 풍경의 해안길을 걷는다. 올레 표시인 간세 모형이 세워져 있다. 내용을 읽어 보니 "올레꾼 여러분 물 한잔 화장실 부담 없이 이용하세요"라는 개인 식당에서 써 붙인 올레꾼에 대한 배려의 안내글이다.

이 안내문을 읽고 넓은 주차장과 멋진 조경을 갖춘 식당에 들어가서 시원한 물을 몇 잔 마시고 빈 생수병에 물을 가득 채웠다. 올레꾼에 대한 식당의 배려가 고마웠다. 속으로 무궁번창하기를 기원했다.

한라산 동쪽에 들어선 마을이라는 한동리에 들어섰다. 한라산의 정기와 둔지오름의 맥이 이어진 한동리는 예로부터 한학자들이 삼정승이 태어날 고장이라 했다.

마을을 지나 다시 해변으로 접어들었다. 해변 둔덕에 바다를 조망하며 쉴 수 있도록 정자가 만들어져 있다.

계룡길을 지나가는데 어느 집 담벼락에 종착지까지 4km 남았다며 "올레길 걸음마다 행복"하라는 집주인의 격려문이 붙어 있다. 자그마한 글귀이지만 이 글을 읽는 올레꾼에게는 생기와 즐거움을 준다.

당근 재배로 유명한 평대리를 지나간다. 건물 외벽에는 "평대 당근 최고"라며 당근을 사람 모양으로 형상화한 재미있는 그림이 그려져 있다. 조금 더 걸으면 뜻밖의 장소를 만난다. 넓은 면적은 아니지만 건물 뒷편 공터에 붉은 빛의 핑크 뮬리가 피어 있어 잠시 멈춰 사진을 찍었다.

올레길에서 만나는 핑크 뮬리

종착지인 해녀 박물관이 있는 세화 마을에 도착했다. 세화의 옛 이름은 '가는 곳'이며 '곶'은 수풀을 의미하는 제주도 방언으로, 마을 지형이 가는 곳으로 되어 있다 하여 붙여진 이름이다.

이렇게 제주 올레길 트레킹의 첫날은 20㎞가 넘는 빡센 일정을 소화했다. 하루 걷기로 다소 무리가 되는 일정이었지만 아름다운 비자림과 파란 하늘과 바다를 걷는 올레길의 감동으로 행복한 하루를 보냈다. (2020. 10. 15)

가을엔 제주 바다를 만나자

비행기를 타고 바다 건너
제주에 도착했다

바다 내음 후각을 스치고
파도가 철썩
방파제 너머 내 마음을 때린다

올레길 걸어가면서
푸른 하늘 보며
억새 우는 소리를 듣는다

숲 지나 오름도 오르고

바닷길 걸으며

소라 전복 따는 해녀를 보며
제주 가을을 만난다

21코스

올레길은 끝이 없고 다시 시작이다

제주 해녀 박물관 → 별방진 → 석다원 → 토끼섬 → 하도 해수욕장 → 지미봉 →
종달항 → 종달 바당(11.2㎞, 4시간)

오늘 순서상으로는 17.6㎞ 거리의 20코스를 걸어야 할 차례인데, 일찍 걷기를 끝내고 오후 비행기로 서울에 올라가야 해서 비교적 짧은 거리의 올레길 21코스를 걸었다.

올레길 21코스는 구좌읍 바다를 바라보며 마을 밭길을 돌아나가는 것으로 시작한다. 올레길은 크게 마을과 밭길 1/3, 바닷길 1/3, 그리고 오름길 1/3 등으로 배분되어 제주 동부 지역의 자연을 다양하게 느껴 볼 수 있는 코스다.

21코스 시작점인 해녀 박물관은 제주를 사랑하고 지켜온 해녀들의 이야기를 담고 있는 곳이다. 해녀는 잠수, 잠녀라고도 불리는데 전 세계적으로 한국과 일본에만 존재한다.

제주 해녀 항일운동기념탑에 오른다. "추운 날, 더운 날, 비가 오는 날에도 저 바다 물결 위에 시달리는 몸"이라는 해녀의 노래가 가슴을 울린다.

우도에 접근하는 왜구를 물리치기 위해 조선 중기 때 설치했다는 별방진을 지나 2006년 8월 24일 김대중 대통령이 방문하여 해물 손칼국수를 드셨다는 '석다원'을 지난다. 석다원 앞에 중간 스탬프를 찍는 곳이 있다.

올레길 이정표인 조랑말을 상징하는 간세는 외적의 침입을 알리는 통신 수단이었던 연대가 있던 동산의 숲으로 안내한다. 숲을 빠져나가면 잔디 구장으로 잘 만들어진 구좌하도 운동장을 지나간다.

마을의 검은 돌담으로 쌓인 밭 사이의 길을 지난다. 어두운 하늘과 녹색의 밭 고랑이 하나의 멋진 작품을 만들었다. 오늘은 날씨가 흐리고 바람도 불어 제법 추운 기운이 느껴져 바람막이를 걸쳤다.
밭 사이에 현무암으로 반듯하게 축성된 별방진을 지난다. 별방진은 구좌읍 하도리에 세워진 진성이다. 우도 부근에 출몰하는 왜구를 효과적으로 막기 위해 축성한 것이다.

해안가로 나가는 길 옆에 가정집처럼 보이는 카페 겸 게스트 하우스가 있다. 이름은 "마음 챙김"이다. 상처받은 사람들 모두 이 카페에 들러 마음의 위로를 받고 갈 수 있는 곳인가 보다. 마을에는 잘 꾸며진 게스트 하우스가 몇 채 더 보였다.

별방진과 밭의 아름다운 어울림

해안 도로 옆에 노란색의 망고 하우스가 눈에 띈다. 오늘은 시간이 넉넉하여 카페에서 쉬었다 간다. 걷기에 수고한 몸을 보상하기 위해 이왕이면 최고를 지향하는 망고 원액인 '스페셜 망고 슬러쉬'를 주문했다. 바다를 보면서 휴식을 취하는 아침 시간이 편안했고 음료 맛이 아주 좋았다. 차가운 슬러쉬가 가슴 속까지 시원하게 했다.

해안 도로에서 길게 연결된 듯이 있는 토끼섬이 보인다. 구좌읍 해안에서 동쪽으로 50미터 해상에 있는 무인도이다. 국내 유일의 문주란 자생지로 1962년 천연기념물로 지정되었다. 입구에 포토존이 만들어져 있어 사진을 찍었다. 이것도 추억꺼리가 되는 인생샷이다.

문주란 자생지 포토존에서

하도 해수욕장에 도착했다. 아름답다고 이름난 성산, 종달, 하도, 세화를 잇는 해안 도로의 도로변에 있다. 수심이 아주 얕고 물이 맑으며 백사장이 넓다.

하도 해변에서 다리를 지나면 왼쪽으로 지미봉 가는 입구가 나온다. 크리스마스 리조트로 들어가는 길이 지미봉 숲으로 가는 길로 연결된다.

청춘, 제주 올레길을 걸어라

일명 땅끝 오름이라고도 불리는 지미봉은 해발 고도 166m로 정상에 서면 에메랄드빛 바다와 우도, 성산일출봉과 멀리 한라산도 보이는 오름의 대표적인 명소이다.

제주 21코스의 최종 목적지인 종달 바당에 도착했다. 제주도의 동쪽 끝 마을인 종달리는 4.2㎞에 위치한 성산일출봉을 비롯하여 5월이면 수국 길로 유명한 종달리 해안 도로를 만나게 되어 있다.

올레길 21코스 종착점에서 기념사진

간세에서 스템프를 꺼내 패스포트에 21코스 인증 도장을 찍었다. 부부 한 팀이 올레길 완주의 기쁨을 누리며 하이파이브를 한다. 우리도 순서대로 걸었다면 이번 코스에서 올레길 완주의 기쁨을 누렸을 텐데, 올

레길을 띄엄띄엄 걸을 수밖에 없는 현실이 아쉬웠다. (2019. 11. 7)

가을 바다에서

저 푸른 바다
아스라한 수평선 끝에
내 마음 내려놓을 수 있다면

서러운 마음
그 슬픔 전부 저 바다에
온전하게 내려놓을 수 있다면

맨 살의 바위들처럼
거친 파도의 몸부림 이겨 내고
행복 얻어 낼 수 있다면

그 옛날 돌아보며
그리움도 아픔인 듯 뒤척이면서
세월 이겨 낼 수 있다면

가을 바다는
석양 품에 안고 또 다른 빛 되어
하늘 가운데로 들어간다

기타 트레킹 명소

....

우리나라 최남단 섬, 마라도

마라도 여객선 매표소(064-794-6661) : 제주 서귀포시 대정읍 송악관광로 424

시간표: 09:20 ↔ 11:30(1시간 50분 관광)

여객선 승선 : 30분 소요

운임 : 왕복 18,000원+입장료 1,000원

....

코로나19로 어수선한 세상이지만 모처럼 입사 동기 부부팀이 함께 제주도 여행 2일차 일정으로 마라도 트레킹을 진행했다. 서귀포 시내에 있는 코업 시티 호텔에서 편안한 숙박을 하고 렌트 차량을 이용해 아침 8시 30분, 송악 모슬포항에 도착했다.

바로 앞 바다에는 형제섬이 형님, 동생하며 우애 있게 아침 문안 인사를 한다. 마라도 관광을 마치고 돌아와서 다시 올레길을 걸을 예정인 송악산이 마라도행 여객선 선착장 바로 옆에 있다.

여객선은 9시 20분 출발이고, 운임은 입장료 포함해서 인당 19,000원이다. 우리는 4월이 성수기라고 해서 어제 인터넷으로 사전 예약을 했다. 마라도까지는 25분이 소요된다고 하는데 티켓 확인 등 이것저것 하다 보니 선착장에서 30분이 소요되었다.

마라도는 송악 모슬포항에서 12㎞, 가파도에서 5.5㎞ 떨어진 우리나라 최남단 섬이다. 섬 전체가 남북으로 긴 타원형이고, 해안은 오랜 해풍의 영향으로 기암절벽을 이루며, 난대성 해양 동식물이 풍부하고 주변 경관이 아름다워 천연기념물 제423호로 지정된 곳이다.

전체 면적 10만 평 정도의 마라도는 고구마처럼 생긴 제주도를 축소하여 길게 세워 놓은 모양에 동쪽이 높고 서쪽이 낮은 편이다. 사방은 가파른 기암절벽이며, 해안 절벽에 해식 동굴이 발달해 있다.

태풍이 불면 파도에 휩쓸려 버릴 것 같은 나지막한 섬 마라도는 여행객에는 국토 최남단이라는 매력을, 낚시인들에게는 우리나라 뱅에돔 낚시의 최고 포인트로서 사랑받고 있는 섬이다.

다녀 온 사람들의 여행기를 읽어 보니 마라도 한 바퀴 둘러보는 거리와 시간은 2.4㎞, 1시간 30분이면 넉넉하다. 여객선은 납작 엎드린 모습의 가파도 옆을 지나가더니 바로 눈앞에 보이던 마라도 선착장에 도착했다. 왼쪽 방향으로 바다 건너 당당한 모습의 산방산과 아름다운 한라산을 카메라에 담았다.

선착장 앞에는 키 낮은 기념석에 마라도 전체 코스 개념도가 그려져 있다. 일명 블랙 로드라고 불리는 짜장면집이 늘어선 길을 지나갔다. 짜장면은 섬을 돌아본 후 시간이 되면 먹기로 하고 해안길을 걸었다.

마라도에는 많은 짜장면집이 있지만 모 CF 〈짜장면 시키신 분〉 광고로 알려진 식당보다도 '원조 특허'라고 쓰여진 마라도 해녀촌 짜장 식당이 더 눈길을 끌었다.

마라도 짜장면 식당

모래사장과 바다가 보이는 넓은 길이 나왔다. 막힘이 없이 뻥 뚫린 바다로 통하는 길을 걸으니 덩달아 마음이 상쾌하다. 무한도전 촬영했던 집이라고 광고를 하는 짜장면집도 보였다.

멀리 흰색의 마라도 등대가 보이기 시작했다. 마당에 커다란 부처님 입상이 있는 기원정사라는 절에 들어갔다. 기원정사 입구는 자연적으로 생긴 바위에 인공미를 더해 재미있게 만들어졌다.

바다를 끼고 잘 정비된 선착장 길을 걸었다. 길 옆에는 열매를 맺은 제주도 선인장 군락이 시선을 끈다.

진한 청색 빛깔의 바다를 향해 난 포장길을 따라 끝에 섰다. 시원한 바다를 향해 두 팔 벌려 크게 숨을 들이쉰다. 상쾌한 공기가 폐부 깊숙이 들어와 오염된 내장을 깨끗하게 정화시키는 기분이다.

대한민국 최남단 마라도 기념석

청춘, 제주 올레길을 걸어라

블랙야크 섬&산 인증 장소인 "대한민국 최남단"이라는 비석에 도착했다. 바다를 향한 바닥에는 마라도 지도가 그려진 돌이 뉘여져 있다. 바다를 향해 최남단비 왼쪽에 장군 바위(또는 신선 바위라고 부름.)가 있다.

하늘은 향한 까만 보도 블럭 길을 따라 쭉 걸으면 마라도 성당에 도착한다. 그 오른쪽 방향에 마라도 등대가 보였다. 전복 껍데기 모양의 빨간 지붕 마라도 성당의 정식 이름은 뽀르지웅 꿀라(Porciuncola) 성당이다. 뽀르지웅 꿀라의 어원은 작은 몫, 작은 부분이라는 의미로, 이탈리아 아씨시(Assisi) 지역의 프란치스코 성인이 손수 벽돌을 쌓아 만든 작은 성당을 말한다.

뽀르지웅 꿀라 성당

성당을 지나니 이어도 종합 해양 기지를 건축하는 공사 현장이 있다. 세계 여러 나라의 대표적인 등대 모형을 전시해 놓은 장소도 지나간다.

푸른 잔디밭 끝에 걸쳐 바다를 향하고 있는 마라도 등대는 동중국해와 제주도 남부 해역을 오가는 선박들이 육지 초인표지로 이용하고 있는 우리나라 "희망봉" 등대이다. 100년이 넘게 이 섬을 밝혀 주고 있다.

해변으로 난 길에는 안전하게 통나무 난간이 세워져 있다. 멀리 산방산과 한라산이 아름답게 조망된다. 파란 하늘, 옥빛 바다 그리고 초록의 넓은 잔디가 함께 어우러진 풍경이 마음을 평화롭게 만든다.

선착장에 있는 마라도 기념석 앞에서

섬 한 바퀴를 돌아 출발했던 선착장에 거의 도착할 즈음 할망당이 나

청춘, 제주 올레길을 걸어라

온다. 할망당은 옛날 모슬포 해녀들이 마라도에 제물로 두고 떠난 애기 업개의 혼을 달래려고 세운 곳이다. 마침 소박하게 제물을 차려 놓고 이곳에서 소원을 비는 관광객들이 보였다.

마라도는 섬에 들어올 때 나가는 배의 표를 같이 구매하는데, 섬 관람 시간이 충분하다고 하지만 길을 걷다 보면 심적으로는 은근히 시간적 부담이 생긴다. 우리처럼 섬 곳곳을 섬세하게 둘러본다면 마라도에서 유명한 짜장면을 먹을 수 있는 시간 만들기가 쉽지 않다. 결국 마라도에서 짜장면을 먹지 못하고 떠나야 했다. (2021. 4. 6)

마라도

하늘이 흔들리도록
바다가
춤을 춘다

바닥을 딛고
차오르는
하얀 바다 갈매기

최남단 땅끝에서
별 보는
그리움으로

비나리를 되뇌이며

섬이 부르는

넋두리를 듣는다

화산과 세월이 낳은 절경, 차귀도

고산 포구(064-738-5355) : 제주시 한경면 고산리

시간표: 11:30 ↔ 13:30

여객선 승선 : 10분 소요

운임 : 왕복 16,000원

'섬 속의 섬' 제주 차귀도. 배로 10분 남짓 걸리는 짧은 거리지만 하루 2~3회만 사람의 발길을 허용한다. 그래서 아무도 살지 않는 차귀도 트레킹에 호기심이 생긴다.

1980년대 이현세의 『공포의 외인구단』이란 만화가 있다. 이 만화로 만든 영화의 한 장면에 등장하는 외인구단의 지옥 훈련 장소가 바로 차귀도다. 1977년에 나온 영화 '이어도' 역시 이곳에서 촬영됐다.

차귀도로 가는 배는 제주시 한경면 고산리 고산 포구에서 출항한다. 포구 뒤쪽 언덕길 차귀도 유람선 매표소에서 탑승권은 성인 1인 16,000 원이다. 전화로 문의하면 예약 확정 문자가 오고, 승선하면서 표를 구입할 수 있다.

원래 배편이 자주 있었으나 코로나19 확산으로 지난해부터 오전 10시 30분, 오후 2시 30분 두 차례만 차귀도에 들어갈 수 있다. 하지만 이것도 자주 변동이 되므로 전화로 확인해야 한다. 오늘 배편이 확대되어 우리는 10시 배를 놓치고 11시 30분 배편으로 들어간다.

시간이 1시간 정도 남아 고산 포구 구경에 나선다. 부둣가에는 오징어가 주렁주렁 줄에 매달려 꾸덕꾸덕 맛있게 건조되는 모습이 정겹다. 반건조 오징어, 쥐포 등을 파는 상점들도 늘어서 있다. 즉석에서 오징어를 구워 주고, 이를 사기 위한 관광객들이 줄을 잇는다.

당산봉을 배경으로 둔 고산 포구에는 많은 배들이 정박해 있고, 낚싯배들은 낚시꾼 손님을 태우기 위한 준비에 분주하다.

차귀도

정진용

돌아갈 마음
아주 닫아 버리자, 차귀도 찾습니다.
차귀도,
홀로 들어갈 수 있는 배편이 없습니다.
가야할 곳 없으니
돌아갈 곳 또한 없습니다.
차귀도 앞 방파제 위에서
바다 앞에 한잔
내 앞에 한잔 술 따릅니다.
안주는 제주 할망이 조물조물 구워 파는
오천 원짜리 반 건조 오징어.
내 돌아가지 않을 길 바라보며 잔을 듭니다.
스스로 마음 돌아갈 길

술잔으로 막습니다.

차귀도는 제주에서도 아열대성이 아주 강한 지역으로 바닷속에 많은 물고기가 서식해 낚시꾼들이 좋아하는 장소로도 유명하다. 참돔, 돌돔, 뱅에돔, 자바리 등이 잘 잡히고 특히 1~3월과 6~12월 사이에 낚시꾼들이 많이 찾는다.

신비로운 섬들이 보이는 카페에서 한라봉 주스를 마시며 시간을 보낸다. 창밖으로는 바다에 둥실 떠 있는 섬 풍경이 신비롭다. 가장 가까운 섬 와도 너머로 차귀도 본섬인 죽도, 왼쪽으로 독수리 바위 또는 매 바위로 불리는 지실이섬이 보인다. 이렇게 세 섬을 묶어 차귀도라 부른다.

차귀도 전경

시간에 맞춰 선착장에 갔다. 승선 체크를 하고 유람선을 타니 볼래기 언덕 차귀도 전경이 보인다. 거대한 고래가 바다에 누워 있는 것처럼 보였다. 멀리서 보면 머리와 꼬리를 드러내고 몸은 반쯤 바다에 잠긴 고래 모양의 독특한 섬이다.

선착장을 떠난 유람선은 지중해 같은 환상적인 쪽빛 바다를 가르며 와도를 거쳐 10분이면 섬에 닿는다. 날이 맑고 투명해 와도가 아주 선명하다.

본섬 죽도에 내리자마자 감탄사가 쏟아진다. 섬의 오른쪽은 겹겹이 쌓인 화산 단면이 잘 드러나는 웅장한 절벽과 그 아래 찰랑이는 물은 바닥이 보일 정도로 맑고 투명하다.

배를 타고 올 때는 보이지 않던 범 바위가 왼쪽 독수리 바위와 함께 또 다른 작은 고래를 만들고 있다. 범 바위는 입을 쩍 벌리고 포효하는 듯 바다를 지킨다.

차귀도 탐방로는 선착장에서 가파른 계단길을 오르면서 시작된다. 오르다 뒤를 돌아보면 차귀도 선착장, 와도, 쪽빛 바다가 만들어 내는 풍경이 그림처럼 펼쳐진다.

언덕을 오르면 먼저 집터가 여행자를 맞는다. 1970년대 말까지 이곳에는 7가구가 보리, 콩, 참외, 수박 등의 농사를 지으면 살았는데 지금은 사람이 살지 않는다. 연자 방아, 빗물 저장시설 등이 남아 있어 섬의 역사를 전한다. 차귀도의 면적은 0.16㎢로 제주 무인도 중 가장 크다. 섬 전체가 천연기념물로 지정돼 30년 동안 출입을 제한하다 2011년 말부터 다시 사람의 발길을 허용했다.

집터 앞에서 탐방로는 장군 바위 방면과 정상 방면으로 갈라지는데 왼쪽 장군 바위 방면 시계 방향으로 한 바퀴를 도는 트레킹이 일반적이다. 차귀도의 멋진 풍경이 그쪽에 몰려 있는 이유다.

높은 언덕 위 등대를 중심으로 넓은 들판을 가로지르는 오솔길에는 은빛 억새풀이 넘실대고, 이름 모를 들풀, 들꽃들이 생명력 넘치는 삶을 보여 준다. 숨을 깊이 들이마시며 태고의 자연을 몸 안에 가득 담아 본다.

억새가 넘실대는 차귀도

장군바위 전망대에 섰다. 왼쪽 붉은 화산 송이가 뚜렷하게 드러나는 해안 절벽과 촛대처럼 우뚝 선 장군 바위, 멀리 당산봉과 수월봉까지 한데 어우러지며 보기 드문 장관을 연출한다.

쌍둥이 바위 오백 장군 설화가 내려온다. 제주에 오백 장군이 있는데 499개의 장군 바위가 모두 한라산 영실에 있고 나머지 1개만 차귀도에서 우직하게 섬을 지킨다.

아주 옛날 아들 오백 명을 둔 어머니가 있었는데 흉년이 들어 끼니를 잇기 힘들어지자 오백 아들이 양식을 구하러 떠났다. 어머니는 큰 솥에 아들들을 먹일 죽을 끓이다 그만 발을 헛디뎌 솥에 빠져 죽고 말았다. 돌아온 아들들은 이를 모른 채 죽을 먹었고 막내가 죽을 먹으려다 사람 뼈를 발견하고는 어머니라는 사실을 알게 된다. 비탄에 빠진 막내는 제주 서쪽 끝 차귀도로 달려와 하염없이 울다가 바위가 됐고, 나머지 형들도 뒤늦게 사실을 알고 울다 한라산 영실에서 바위로 굳어졌다는 얘기다.

산책길은 차귀도 등대와 신창 해안 풍력 발전을 바라보는 길을 따라간다. 하얀 등대로 오르는 볼래기 언덕에 서면 화산 송이 절벽, 장군 바위에 기암괴석의 쌍둥이 바위와 억새꽃이 넘실대는 넓은 평원의 차귀도 풍경이 아름답다.

볼래기 언덕이란 이름은 고산리 주민들이 등대를 만들 때 돌을 들고 언덕을 오르면 힘들어 제주말로 숨을 '볼락볼락' 내쉬게 된다고 해서 이름이 붙었다. 등대에서 한라산, 산방산, 신창 해안의 풍력 발전기들이 한눈에 들어온다.

차귀도를 한 바퀴 도는 트레킹을 마치고 다시 돌아가는 유람선을 타면 잠깐이지만 선장의 맛깔나는 설명과 함께 차귀도의 멋진 바위를 눈

앞에서 즐기는 시간도 있다.

죽도 선착장을 떠난 배가 독수리 바위를 오른쪽에 두고 돌아나가자 독수리 바위의 기암괴석과 겹겹이 쌓인 단층이 또렷해 감탄이 쏟아진다. 왜 독수리 바위인지를 이 지점에서 여실히 알 수 있다. 영락없이 날개를 접고 비상을 준비하는 매 또는 독수리 형상이다. 얼굴의 커다란 눈과 부리가 또렷해 금방이라도 날아오를 것 같다.

차귀도 독수리 바위

화산 송이 절벽 차귀도(遮歸島). 차귀는 돌아가는 것을 막는다는 뜻인데 독수리 바위와 함께 또 하나의 전설이 깃들어 있다.

옛날 중국 송나라 황제는 제주에서 천하를 호령할 왕이 날 지세라는 말을 듣고 신하 호종단에게 제주의 모든 지맥을 끊어 그 기운을 없애라고 명령한다.

호종단은 산방산에서 바다로 뻗는 용머리를 발견하고 목에 칼을 꽂아 붉은 피로 바다를 물들이는 등 제주 곳곳의 지맥과 수맥을 끊었다. 호종단 일행이 고산 포구를 통해 중국으로 돌아가려고 배를 띄우자 커다란 독수리가 나타나 돛대에 앉았고, 갑자기 바람과 파도가 거세지며 바다는 배를 삼켜 버렸다. 독수리는 분노한 한라산 신으로 바다에 내려앉아 지금도 제주를 지키는 독수리 바위가 됐다는 신비로운 설화다.

와도 가까이에서 본 화산 송이의 단면은 붉은 진흙을 발라 놓은 것 같고, 길다란 장군 바위는 남근석을 닮았다. 고산 포구로 돌아가는 길에 만나는 와도는 영락없이 산모가 바다에 누워 곧 태어날 아이가 들어선 만삭의 배를 쓰다듬는 형상이다.

차귀도는 다양한 해산물과 동물, 식물 등이 분포하며, 학술적으로도 가치가 커서 천연기념물로 지정이 된 섬이다. 제주도의 가치도 크지만 부속인 섬도 하나하나 소중한 가치를 지니고 있다. 언제나 지금처럼 그 자리를 지켜야 한다.

짧은 시간이었지만 너무나 아름다운 풍경에 차귀도라는 이름처럼 발길을 돌리기 쉽지 않아 아쉬움이 가득 남는 차귀도 여행이었다. (2021. 11. 1)

차귀도

오라는 곳 없고
가라고 떠미는 사람 없네

돌아갈 마음도 없어
다시 돌아온 섬

이름 모르는 들풀
은빛 억새풀 섬을 뒤덮고

독수리 바위 날개 짓거리
범 바위 호통 소리에

바다는 파도 일으켜
갈길 막는다

한림항, 오름, 한라산을 품은 비양도

한림항(064-796-7522) : 제주시 한림읍 협재리 3032-3

시간표: 09:20 ↔ 11:35(하루 8차례)

여객선 승선 : 15분 소요

운임 : 왕복 9,000원

언제부턴가 가을이란 계절이 사치처럼 다가왔다. 코로나19로 인해 그 많던 여행이 그저 추억이 되어 사진으로만 남겨진 채 2년이 다 되어 간다. 그래도 우리에겐 아무 때나 찾아갈 수 있는 곳, 제주도가 있어 행복하다.

제주에서의 둘째 날. 제주 서부 천년의 섬, 비양도를 가기 위해 아침 식사를 호텔 주변에서 간단하게 해장국으로 때우고 길을 나섰다. 한림항 도선 대합실까지 운전하며 가는 길이 비양도 여행에 대한 기대감으로 들떴다.

오전 9시 20분, 비양도호 선박 티켓을 구매한 후 남는 시간 한림항 주변을 구경했다. 하지만 포구에 매여 있는 배들만 출항 준비에 부산하고 잠시 쉬어 갈 곳이 마땅찮다. 그래서 여객선 대합실 2층에 있는 올레 안내소에 들렀다. 11월 16일까지 올레길 걷기 축제 기간이라서 다른 때와 달리 실내는 많은 올레꾼들로 붐볐다.

비양도호를 타기 위해 선착장에 나왔다. 눈앞에는 아름다운 능선을 그리는 전형적인 오름 한 개가 바다 위에 솟아 있는 모습이 보였다. '날아온 섬'이라는 뜻의 비양도는 아담하고 사랑스러운 모습의 섬이다.

비양도

손택수

섬이 외로울까 봐 섬이 솟았네
깍지는 끼지 않았으나
손끝 진동이 파르르
전해 올 듯,
마주 보는 일 하나만으로도
파도가 치고
물새들이 우는 곳이라네
솟은 섬이 외로울까 봐
바짝 당겨 앉다,
그냥 두네
멈춘 자리를 지키기로 하네
팔짱을 끼는 대신
바다가 들어와 살라고

잔잔한 바다를 헤치며 나아가던 배는 파도 때문에 좌우로 매우 흔들거렸다. 15분이라는 짧은 시간임에도 흔들거리는 배로 인해 뱃멀미를 호소하는 사람들도 있었다. 하지만 파도에 흔들거리던 배는 곧 비양도 항에 닿았다.

선착장에 내려서자 우측 방파제 위에 가지런히 정리된 비양도 여행 코스가 안내되어 있다. 그 앞에서 문화 해설사에게 5분간 비양도에 대한 설명을 들은 후 트레킹을 시작했다. 먼저 비양봉을 올라가는 게 제대로 된 순서이다.

비양도는 오름 정상인 등대까지 왕복하는데 40분 정도, 해안도로를 따라 한 바퀴 도는데 50분, 전체 약 1시간 30분 정도 소요된다. 배가 9시 30분 비양도에 도착해서 돌아가는 배 시간이 11시 35분으로 2시간 정도. 섬이 작아서 트레킹에 여유가 있는 시간이다.

비양도에는 드라마 〈봄날〉 촬영지라는 기념물과 함께 드라마에 나왔던 보건 진료소가 있다. 그리고 배에서 내린 사람들의 일부는 해안 도로를 따라 걷고, 우리는 '보말 칼국수' 식당 오른쪽의 현무암 돌담길이 이어지는 비양봉 산책로로 들어섰다.

비양봉으로 가는 오솔길은 기존 도로를 걷어 내고 새로 시멘트 포장 공사를 하는 중이었다. 산길을 가로질러 맞은편 해안으로 연결되는 포장도로 공사다.

우측 계단을 통해 비양봉으로 올라가는 길에 들어선다. 울창한 대나무 숲길을 통과하면 제주도 본섬과 한림항이 일망무제로 펼쳐지는 전망이 보이는 데크가 나온다. 망원경 2개가 설치되어 건너편 내륙을 살펴 볼 수 있다.

바람 부는 바닷가 오름 위에서의 전망은 예상보다 훨씬 이국적이고 가슴 설레는 조망이다. 바다에서 불어오는 바람으로 그윽한 숲의 향기가 온몸을 감싼다. 그저 바라만 보고 있어도 행복한 시간이다. 청정한 자연 속에 함께하고 있음이 감사하다.

◀ 비양도 선착장

영화 〈봄날〉 촬영지를
설명하는 조형물 ▶

비양봉에는 제주 오름들 중에서 유일하게 두 개의 굼부리(분화구)가 있다고 하는데, 숲이 밀림처럼 분화구를 뒤덮고 있어서 분화구가 잘 구분되지 않았다. 분화구 안에는 오직 비양도에서만 볼 수 있는 비양나무가 자라고 있다.

해발 114m 비양봉 정상에 올라서니, 태양열 전지판을 머리에 이고 있는 작고 하얀 비양봉 등대가 자리하고 있다. 조금 전 떠나온 한림항과 제주의 오름, 그리고 구름 덮인 한라산이 한눈에 들어온다. 잠깐 동안의 산행으로 이렇게나 아름다운 풍경을 감상하는 행복을 누릴 수 있는 곳이다. 비양도 절경을 감상하며 사진을 찍은 후 잠시 휴식을 취하다 내려간다.

비양봉 정상에 있는 등대

청춘, 제주 올레길을 걸어라

도로에 내려와서 우리는 왼쪽의 해안 산책로를 따라 섬을 한 바퀴 돌아보기 시작했다. 섬을 한 바퀴 돌아보는 거리가 대략 3.5㎞이다.

조금 걸으니 파란색 지붕의 올레 커피숍이 나온다. 시간상 실내에 앉지 않고 커피를 테이크 아웃해서 걸었다. 길을 걷다 보면 멋진 뷰의 카페를 몇 개 더 만난다. 해안 산책로를 걷다가 편안해 보이는 바위에 앉아 쉬었다. 해변가 바람을 맞으며 테이크 아웃한 커피를 마신다. 그 맛은 최상이고, 그 분위기 역시 최고의 멋이다.

비양도 해안을 따라 이어지는 산책로에는 흥미로운 화산 활동의 흔적이 그대로 분포되어 있어 바로 앞에서 화산을 공부할 수 있는 세계적인 화산 박물관인 것이다. 해안길을 돌아가면 바다 한가운데 코끼리처럼 생긴 바위가 있다.

코끼리 바위는 이름대로 코끼리의 코를 많이 닮았다. 우리가 지나갈 때에는 밀물이어서 코끼리 바위 앞까지 걸어갈 수는 없었지만 이런 절경을 감상할 수 있음에 기분만은 최상이다.

국내 여러 곳의 바닷가에서 다양한 코끼리 바위를 봤지만 바닷물의 염분을 견디며 바위 위에서 푸르게 자라는 식물들 때문에 비양도 코끼리 바위가 더 신비롭게 보였다.

가장 놀라운 광경은 코끼리 바위 앞, 비양도 북쪽 바다 위에 널려 있는 호니토라 불리는 고구마 모양의 대형 화산탄이다. 길이가 4m, 무게가 대략 10톤 정도로 추정되는 이 거대한 화산탄은 비양도에서만 볼 수 있는 신비로운 화산의 흔적이다.

비양도 북쪽 해변에 있는 코끼리 바위

커다란 암석 덩어리들인 화산탄은 화산이 분출할 때 나온 것들인데, 화산 활동 중에 주변으로 터져 나가거나 쌓여서 현재의 모습으로 남겨진 것들이다. 그 무게가 무려 10톤이나 된다고 한다. 이 호니토는 장엄한 화산 활동의 역사를 그대로 보여준다.

비양도 북쪽 해안을 따라 조금 더 걸으면 아기 업은 모습을 한 부아석(負兒石)을 만난다. 이 신비한 바위는 보는 위치에 따라 모양이 바뀌기도 한다. 기암의 생김새가 어린아이를 업고 있는 모습과 흡사하다 하여 붙여진 이 바위도 비양도에서만 볼 수 있는 호니토(Hornito)이다.

화구로부터 흘러나온 용암 표면이 굳게 되고, 굳은 용암의 틈을 따라 가스와 작은 용암 덩어리가 계속 분출하여 굴뚝 모양의 조그만 화산체

청춘, 제주 올레길을 걸어라

를 형성한 것이 비양도의 20여 개 호니토이다. 정녕 비양도는 섬 특유의 아름다움과 함께 지구의 역사를 간직한 화산 박물관이다.

해안 산책로를 걷다 보면 바닷물이 지하로 스며들어 만들어진 '펄렁 못'을 만나게 된다. '펄렁못'은 길이 500m, 폭 50m의 초승달 모양이다. 섬 안에서 만나는 자연 습지가 아름답다.

비양도는 우리나라에서 유일하게 화산 활동 시기가 기록으로 남아 있는 곳이다. 1002년(고려 목종 5년)의 화산 분출 기록으로 인해 비양도는 최근까지도 천년 전에 만들어진 섬으로 믿어져 왔다. 그러나 최근 과학적으로 비양도 용암의 나이를 분석한 결과 2만 7000년 전에 화산이 형성된 것으로 조사되었다.

비양도는 섬이 만들어진 이후에도 불과 천년 전에 용암이 분출하여 흘러내린 젊은 섬이라고 할 수 있을 것이다. 비양도에 대한 과학적 연구를 통해 알려진 나이보다는, 천년의 이야기가 담긴 우리의 소중한 문화유산인 비양도임을 마음에 간직한다. (2021. 11. 2.)

비양도

섬 앞에 섬 있네
엄마 섬 아기 섬
마음과 마음 이어지는 섬

마주보는 것만으로
떨어져 있어도 하나인 섬

섬이 한라산 품었나
한라산이 섬을 품었나

비양도 바다 위
외로운 코끼리 한 마리

인도에서 왔을까
아프리카에서 왔을까

물새들 동무되어 놀아 주니
외롭지 않은 섬

나를 깨우는 봄, 새별오름

새별오름은
다섯 개의 봉우리가 이어지며 만들어진
오름이다.
정상에서 제주 바다가 한눈에 들어오고
반대편에 한라산이 보인다.

새별오름은 높이 119m인 기생 화산으로 분화구의 형태는 복합형이다. 오름을 오르는 입구에서 약 30분 정도면 정상에 도착할 수 있다. 오래전부터 가축을 방목하였으며 겨울이면 들불을 놓았다. 이런 이유로 이곳에서는 매년 들불 축제가 열렸다.

오름엔 들불을 놓은 후 자란 풀이 고운 풀밭을 이루고 있으며 정상의 5개의 봉우리는 서로 이어지면서 근처의 오름으로 연결되어 있다.

오름의 서쪽 등성이는 매우 가파르다. 고려말 새별 오름에서 '목호의 난'이 일어났으며 최영 장군의 토벌대가 난을 진압했다는 기록이 전해지고 있다.

아침 식사를 한 직후여서 오름을 오르기 전에 먼저 커피를 마시기 위해 새별오름 가까운 곳에 있는 새빌 카페에 들렀다. 카페가 리조트 건물 1층에 있어 외관이 무척 컸다. 안으로 들어가면 전체가 통유리로 이루어져 있어서 개방감이 있고 창을 통해 보는 조망이 아름다웠다.

카페 실내에 들어서니 향긋한 빵 냄새와 커피 향내가 진하게 맡아진다. 커다란 유리창을 통해서 멋진 풍경을 바라보며 마시는 커피가 분위기와 어울려 맛을 더한다. 실내에는 새별오름을 보는 조망이 상쾌했다. 오름을 바라보면서 마시는 커피의 맛과 향이 좋았다. 휴식을 취한 후 1㎞ 떨어진 새별오름 주차장으로 이동했다.

계절에 상관없이 언제 가도 좋은 새별오름은 세계 문화유산에 등재되어 있고 오르기 쉬워 제주 오름 중에서도 가장 인기가 좋다. 이름도 예쁘다. 초저녁 외롭게 떠 있는 새별 같다고 해서 새별오름이라고 지어졌다.

억새풀은 가을에 아름답지만 지금 찾아가도 나름 아름다운 모습을 볼 수 있다. 유명 관광지답게 주차장은 넓고 시설이 잘 정비되어 있었다. 주차장에서 오름으로 올라가는 좌우 입구를 사이에 두고 다양한 메뉴의 푸드 트럭이 길게 늘어서 있다. 트럭에서는 제주 특산물인 한라봉, 감귤, 간식거리 등과 기념품을 판매하고 있었다.

입구에 있는 새별오름 안내도 앞에서 오름에 대한 전체 설명을 읽는다. 새별오름은 역사적으로 고려 시대 최영 장군이 목호를 무찌른 전적지로 유서 깊은 곳이다. 왼쪽으로 시작하는 오름 입구에 들어서니 억새풀 마른 향내가 바람에 흩날렸다. 지금은 갈색이지만 여름에 오면 초록빛의 싱그러움에 눈이 부실 듯 장쾌한 억새 초원이다.

새별오름 올라가는 억새길

　가파른 길에는 미끄러지지 않도록 친환경 매트가 요철 모양 계단식으로 깔려 있다. 따사로운 봄빛과 진달래꽃, 함께 어우러진 억새는 제 몸을 이기지 못해 바람에 따라 춤을 추었다. 오름 길은 가파르지 않고 완만하고 편안했다. 흩날리는 바람과 함께 제주의 맑은 공기를 만끽하며 여유롭게 산책을 즐겼다. 오름길도 언덕이라고 빨리 걸으면 숨이 차니 천천히 주변을 돌아보며 힐링을 한다.

　새별오름 표지석이 덩그러니 세워져 있는 정상에 도착했다. 주차장에서 올라가며 오름의 주변 풍경을 감상하며 천천히 걸었다. 20분이면 정상에 올라선다. 새별오름은 다섯 개의 봉우리가 이어지며 만들어진 오름이다. 제주에서는 제법 큰 오름으로 유명하다. 정상에서는 제주의 바다가 한눈에 들어오고 반대편으로는 한라산이 보인다.

새별오름 정상

　오름을 힘들게 오른 후에 정상에서 보는 풍경이 아름답다. 수평선을 가득히 메우는 바다의 모습에서 가슴이 시원해진다. 구름이나 안개 없이 맑고 푸른 하늘, 갈색의 억새가 펼쳐진 오름 주변 풍경은 한 폭의 그림이다. 조금 전에 들렀던 새빌 카페도 보였다. 그너머 가까운 듯 먼 한라산 모습도 시야에 걸린다.

　새별오름 전체를 감상하면서 반대편 길로 내려갔다. 음료나 간식거리를 파는 알록달록한 푸드트럭이 몇 대 보였다. 푸드트럭에서 시원한 감귤 주스를 마시고 싶으나 바로 전 카페에서 커피를 마신 후여서 생과일

청춘, 제주 올레길을 걸어라

주스는 다른 곳에서 마시기로 하고 지나간다.

오름 정상에서 보는 한라산 전경

오름 관광을 마친 후 3㎞ 떨어진 곳에 있는 "나홀로 나무"를 보기 위해 이동했다. 좁은 1차선 도로 갓길에 차량 몇 대가 주차되어 있다. 너른 초록 들판에 무슨 나무인지는 모르겠지만 나무 한 그루가 나홀로 서 있다. 나무 주변에서는 저마다 인생샷을 찍는다고 다양한 포즈를 취한다. 자세히 보니 대부분의 여행객들이 나무를 보고 있는 뒷모습을 찍는다. 우리도 따라서 포즈를 흉내내 뒷모습을 찍었다. 뒷태만 보면 아직 청춘이라고 농담을 건네는 소리가 들린다.

다시 3㎞ 떨어진 곳의 성이시돌 목장으로 이동했다. 이곳은 목장에서 생산한 우유로 만든 아이스크림과 치즈를 파는 카페가 있다. 목장 주변을 한 바퀴 둘러보고 점심 식사를 하기 위해 이동했다. 식사 후 오설록 뮤지엄과 요즘 핫플레이스로 떠오른 인스빌 카페에 들러 제주의 정취를 맘껏 느꼈다. (2021. 4. 5)

억새와 진달래

산뜻한
봄바람 불어와
새별오름 억새풀 흔들면

햇빛은
여인네 마음 녹여
둥근 언덕에 꽃을 피운다

수줍은
분홍 진달래꽃
어울린 파란 하늘

작은 바람에
춤추는
추억의 내 사랑 꽃

언제나

마음속 숨겨 두고

몰래 보고픈 꽃

천년의 숲, 비자림

비자나무 숲 삼림욕은

혈관을 유연하게 하고 정신적, 신체적 피로 회복과

인체의 리듬을 되찾는 효과가 있다.

천연기념물 제374호로 지정 보호하고 있는 비자림(榧子林)은 448,165 ㎡의 면적에 500~800년생 비자나무 2,800그루가 밀집하여 자생되고 있다. 비자나무는 늘 푸른 바늘잎 나무로서 제주도와 남부 지방 일부에서만 자라는 귀한 나무이다. 잎 뻗음이 아닐 비(非) 자를 닮았으므로 비자란 이름이 생겼다고도 한다.

암나무와 숫나무가 따로 있으며 비자 열매는 속에 땅콩처럼 생긴 단단한 씨앗이 들어 있다. 옛날에는 이 씨앗을 먹어 몸 안의 기생충을 없애고 기름을 짜기도 했다. 목재는 최고급 바둑판재로도 유명하다. 나무의 높이는 7~14m, 직경은 50~110cm 그리고 수관폭(樹冠幅)은 10~15m에 이르는 거목들이 군집한 세계적으로 보기 드문 비자나무 숲이다.

비자림은 풍란, 콩짜개란, 흑난초 등 희귀한 난초 식물 및 초란류가 140여 종, 생달나무, 머귀나무 등 목본류 100여 종이 자생하고 있다. 녹음이 짙은 울창한 비자나무 숲속의 삼림욕은 혈관을 유연하게 하고 정신적, 신체적 피로 회복과 인체의 리듬을 되찾는 자연 건강 휴양 효과가 있다.

청춘, 제주 올래길을 걸어라

입장 시간은 9시부터 오후 5시까지이며 관람 시간은 오후 6시까지다. 입장료는 3,000원을 받는다. 일 1,300명 인원 제한을 하므로 가급적 평일 오전에 찾는 것이 좋다.

코스는 A, B코스이며 A코스는 왕복 2.2㎞이며 40분 정도 걸린다. A+B코스는 왕복 3.2㎞이며 1시간 30분이면 충분하게 돌아볼 수 있다.

입구에서 조금 들어가면 벼락 맞은 비자나무가 있다. 이 비자나무는 연리목으로 약 100여 년 전

비자림 입구에서

인 20세기 초에 벼락을 맞아 오른쪽 수나무의 일부가 불에 탔지만 다행히도 암나무에는 불이 번지지 않아 생명을 이어 갈 수 있었다. 주변 마을에서도 죽지 않고 살아남은 이 금슬 좋은 부부 나무를 신령스럽고 귀하게 여겼다.

탐방로는 송이(Scoria)로 되어 있다. 송이는 제주도 화산 활동시 화산 쇄설물로 알칼리성의 천연 세라믹이며 제주를 대표 할 수 있는 지하 천연자원이다. 송이는 천연 상태에서 원적외선 방사율이 98%로 인체의 신진대사 촉진과 산화 방지 기능을 지녔으며 유해한 곰팡이 증식을 없애 주어 새집 증후군을 없애는 데 탁월한 효과가 있다. 걸을 때마다 뽀드득 소리를 들으며 길을 걷는 게 마치 눈길을 걷는 것처럼 느껴져 힐링이 되는 것은 덤이다.

A코스와 B코스가 만나는 부근에 새천년 비자나무가 있다. 이곳 새천
년 비자나무 최고령목은 21세기 제주도의 무사 안녕을 기원하는 나무
로서, 나이는 826년, 키 14m, 가슴 둘레 6m, 수관폭은 15m이다.

최고령 새천년 비자나무

국내의 다른 비자나무와 도내의 모든 나무 중 최고령목으로서 지역의
무사 안녕을 지켜 온 숭고함을 기리고, 희망과 번영을 구가하는 새천년
을 맞이 하여 2000년 1월 1일 새천년 비자나무로 명명하였다. 제주도의
무궁한 발전과 영광을 기원함은 물론 만나는 사람 사람 모두에게 건강

과 행운과 소원을 이루게 할 것이다. (2021. 4. 8)

4月, 어느 날 아침

친구야!

파도가 들려 주는
저 열정적인 노래 한 번
들어 보렴.

이른 새벽 바람이
방파제를 넘어

우리 마음속 깊숙이
들어와 앉는다.

친구야!

바람이 불어오는
저 아름다운 해변에 서면

달빛 은근히
창가를 비추면서

소라의 노래가 들리지 않는가

친구야! 아침이다.

일어나 기지개 한 번 쭉 켜고
웃음꽃 터트리며
오늘도 멋진 하루를 만들자

저 하늘 갈매기 자유로움처럼
힘차게 날자구나.

삼다수가 솟아나는 청정 숲길

포리수 주차장 → 2코스 테우리길 → 천미천 계곡 → 쉼터 → 산담 → 주차장
(5.2㎞, 2시간)

　삼다수 숲길 탐방은 교래리 종합 복지 회관 주차장이나 교래소공원에 주차하고 1.5㎞ 가량 걸어 들어가야 한다. 내비게이션을 복지 회관으로 맞추고 도착하니 회관 앞 광장에는 행사용 천막을 치는 등 "11/6~8, 삼삼오오 걷기 행사" 준비 작업에 한창이다.

　일을 하고 있는 직원에게 삼다수 숲길 입구를 어떻게 찾아가야 하는지를 안내 받았다. 원래는 이곳에 주차하고 걸어 들어가는 게 맞는 방법인데 내일부터 여기에서 행사를 진행하기 때문에 이번 행사 기간 중에는 차를 가지고 가서 삼다수 숲길 입구 주변에 주차하면 된다고 한다.

　숲길 입구까지 가는 도로는 차 한 대 지나갈 정도의 좁은 도로이다. 중간에 내려오는 차량을 만나면 겨우 교행할 정도의 공간이 있다. 입구 300미터 전에 차량 5대 정도 주차할 공간이 보였다. 이곳에 주차를 하고 안내문을 보니 "포리수"라는 곳이다. 주변에 제주도 대표 생수인 삼다수 공장과 돔베오름이 있다. 여기서 숲길 입구까지는 300미터 정도 걸어서 들어간다.

　이곳 포리수는 교래리 마을에 상수도가 공급되기 전 1960년대까지 주민들에게 생활 용수 및 농업 용수로 이용되던 곳이다. 포리수는 청정을

의미하는 "파란 물"이란 뜻이다.

삼다수 숲길은 과거 임도로 사용하던 길을 2009년 11월에서 2010년 7월까지 삼다수를 생산하는 제주시 개발 공사와 교래리 삼다수 마을에서 공동으로 총 8.2㎞의 숲길을 조성했다.

삼다수 숲길에는 3개 코스가 있다. A코스(꽃길 1.2㎞), B코스(테우리길, 5.2㎞, 2시간), C코스(사농바치길, 8.2㎞, 3시간)이다. 꽃길은 봄과 여름, 테우리길(말 몰이꾼)은 가을 겨울, 사농바치길(사냥꾼)은 삼다수 숲길을 완주하는 코스로 가을에 걷기 좋다.

가을이 한층 성숙해진 제주 여행 4일차 마지막 날 삼다수 숲길을 찾았다. 아침저녁으로 날씨는 쌀쌀하지만 여전히 한낮에는 더웠다. 숲길 입구에는 조그만 주차장이 있고 임시 화장실이 설치되어 있다. 내일부터 3일간 "비대면 삼삼오오 걷기 대회"가 진행될 예정이라 준비차 나온 행사 관계자들이 많이 보였다.

입구에서 숲길 안내도를 보고 대략적인 트레킹 코스를 그려본다. 이곳 삼다수 숲은 2010년 '아름다운 숲 전국 대회'에서 '천년의 숲' 부문에서 어울림상을 수상했고, 2017년 유네스코 세계 지질 공원 대표 명소로 지정되었다.

단체 버스로 온 알파 캠프라는 트레킹 일행들이 앞다투어 지나간다.

청춘, 제주 올레길을 걸어라

이들은 분기점에서 왼쪽 코스로 들어갔다. 우리는 이들의 북적임을 피해 시계 반대 방향으로 한 바퀴 돌아야겠다고 생각하고 오른쪽 길(1코스 꽃길)을 따라 걸었다. 왼쪽에는 빽빽하게 자라는 삼나무가 숲을 이루고 오른쪽으로 탁 트인 벌판이 있는 길을 걷는다.

삼다수 A코스 꽃길

길을 걷는 곳곳에 걷기 축제 분위기를 연출하는 삼각 깃발들이 나무 사이에 걸려 있다. 운치 있는 길을 조금 더 걸으면 분기점이 나온다. 계속 1코스 꽃길 방향으로 걸었다. 삼나무가 밀집한 숲길을 지나가면 서어나무 등 여러 종류의 나무가 울창한 길을 만난다. 다시 분기점이 나온다. 여기서 왼쪽은 나가는 길이고 2코스 테우리길은 계속 직진하면 된다. 댓잎처럼 생긴 푸른 조릿대 지역으로 들어선다. 산책로 주변뿐 아니라 넓은 지역에 조릿대가 무성하게 자란다. 오래전 이 지역은 말 방목지였는데 조릿대가 급속도로 번식한 이유는 말이 사라졌기 때문이란다.

길 우측으로 천미천 계곡이 모습을 드러낸다. 물이 흐르지는 않지만 안내문 설명을 보니 길이가 25.7㎞로 제주에서 가장 긴 하천이라고 한다. 용암 바위 구덩이에 고인 물에는 나무와 하늘이 비치고 내 마음도 그곳에 비친다. 키 작은 조릿대가 군락을 이룬 사이마다 활엽수림의 가지와 잎사귀가 너울너울 춤을 춘다. 계곡을 따라 울긋불긋한 단풍이 성숙해진 가을의 모습을 보여 준다. 조릿대와 단풍의 조화가 아름다운 길이다.

숲에는 언제나 청량한 기운이 넘친다. 제주의 숲은 화산 지형이 만들어 낸 독특한 풍광과 울창한 원시림이 어우러져 이채로운 느낌을 준다. 2코스, 3코스가 나눠지는 분기점이 나왔다. 우리는 중간 정도 거리인 왼쪽 2코스로 들어섰다. 내일부터 걷기 행사가 진행되어서인지 삼각 깃발이 곳곳에 설치되어 숲길 걷는 분위기를 띄워 주고, 방향 리본이 잘되어 있어 편하게 길을 찾는다.

하산하는 길에는 휴식을 취할 수 있도록 두 군데에 쉼터가 만들어져 있다. 산책로 중간에 이런 휴식 쉼터를 더 만들었으면 하는 바람을 가진다. 잠시 휴식을 취하고 다시 길을 걸었다. 편안한 흙길도 있지만 화산의 흔적인 용암으로 된 길이 많아 돌에 걸려 넘어지지 않도록 조심해서 걸어야 했다.

삼다수길 걷기 이벤트 조형물

　'제주의 산담'이라는 안내문이 있다. 산담은 무덤 주위에 쌓은 돌담이다. 삼다수 숲길의 하이라이트라고 생각되는 울창한 삼나무길 구간을 내려간다. 피톤치드를 맡으며 쭉쭉 뻗은 나무 사이를 걷는다. 발걸음은 기다렸다는 듯 리듬을 타기 시작한다. 삼나무 숲길에 'I ♡ U' 포토존이 있다. 조형물이 깨끗한 걸 보니 이번 "삼삼오오 걷기" 행사를 위해서 새로이 만들었다고 생각되었다.

　삼다수 숲은 중산간의 해발 400m 지역에 형성되어 있다. 숲의 기반은 용암이 식어 형성된 땅이다. 제주의 '삼다수' 생수는 이곳에서 난다. 지금 내가 걷고 있는 숲길 지하에 삼다수 수원지가 위치해 있다고 한다.

울창한 삼나무 숲길

　삼다수는 빗물이 지하에 놓인 여러 겹의 용암과 송이층(구멍이 많은 현무암을 이르는 제주어)을 약 18년 동안 통과하면서 정제되고 유용한 화산 물질이 녹아 들어 만들어진 화산 암반수이다. '화산 암반수'란 층층이 쌓여 있는 현무암이 빗물을 걸러 만들어진 깨끗한 물을 뜻한다.

　삼다수 숲은 원시적 식생이 보존되고 생태가 건강해 숲이 울창하다. 이곳 삼나무, 편백나무 숲길을 걷다 보면 모든 스트레스가 사라진다. 이렇게 맑고 햇빛이 좋은 날 삼다수 숲길을 걸으며 행복함을 느낀다. (2021. 11. 4)

아침에는 커피 한 잔으로

바다를 바라보며
커피 한 잔으로
제주의 아침은 시작된다

아침에 일어나
커피를 마시지 않으면
어딘가 허전하다

하루가 시작되기 전
편안한 마음으로
생각을 가다듬는 시간

커다란 유리창
아침 해가 반짝거리는
카페 창가에 앉아
커피 한 잔을 마신다

시를 읽으며
웃음 지으며
어제와 다른
새로운 하루를 시작한다

원시적 생동감이 넘치는 치유의 머체왓

방문객 지원 센터 → 돌담 쉼터 → 느쟁이왓다리 → 방애흑 → 야생화길 → 머체왓 전망대 → 산림욕 숲길 → 집터 → 목장길 → 서중천 숲 터널 → 오리튼물 → 참꽃나무 숲길 → 지원 센터 (6.7㎞, 2시간 30분)

머체왓 숲길은 제주도에서 걷기 좋기로 유명한 사려니 숲길, 절물 자연 휴양림, 비자림에 비해 아직은 조금 덜 알려졌지만 한적한 숲 걷기를 하며 힐링할 수 있는 곳이다.

초원과 삼나무, 편백나무 등이 어우러진 울창한 원시림을 비롯해 긴 하천인 서중천 계곡을 끼고 있는 이 길은 제주의 자연을 온몸으로 느낄 수 있는 특별한 곳이다.

머체왓 숲길은 정돈된 숲길이라기보다 곶자왈처럼 나무와 덩굴식물, 암석 등이 뒤섞여 있어 독특한 느낌을 준다. 마지막 구간의 서중천 습지에서부터는 왼쪽에 서중천을 끼고 내려오는 길이 운치가 있다.

'위드 코로나19' 시대를 맞아 사람과 접촉을 최대한 피하면서 자연을 즐길 수 있는 제주의 언택트 여행지를 찾다 보니 최근 머체왓 숲길이 핫한 곳으로 떠올랐다. 제주어로 '머체'는 돌이 얼기설기 쌓이고 잡목이 우거진 곳을 뜻하고 '왓'은 밭을 의미한다. 화산섬 제주의 특징이 잘 살아 있는 숲이다.

청춘, 제주 올레길을 걸어라

억겁의 세월이 지나 돌은 층층이 쌓이고 나뭇가지는 서로 얽히고 설켰다. 오랫동안 사람 손길이 닿지 않은 원시림이다. 폐 속 깊숙이 숨을 불어 넣으면 청정 자연이 만들어 내는 피톤치드가 폐 속 깊숙이 들어와 세포 알갱이 하나하나 씻어 낸다.

오전에 쫄븐갑마장길을 다녀오고, 이어 머체왓 숲길을 찾았다. 서귀포시 남원읍 서성로의 머체왓 숲길은 소롱콧길, 머체왓 숲길, 서중천 탐방로 3개 코스가 있다. 현재 머체왓 숲길은 소롱콧길과 서중천 탐방로만 걸을 수 있다.

머체왓 숲길 전체 안내도

머체왓 숲길 입구에 마을 공동체 사업장인 하눌타리 건강 체험장이 있다. 피크닉 세트(매트, 방석, 계란, 샌드위치, 음료 등)도 판매하고 있으며 식당과 족욕 카페도 운영되고 있다.

숲길 시작하는 곳 왼쪽 초원에 말 한 마리가 유유자적 하며 놀고 있고, 커다란 느티나무 한 그루, 속칭 나홀로 나무가 우뚝 버티고 서 있다. 목장길과 소롱콧길로 갈라진다. 여기서 소롱콧길은 오른쪽 숲길로 들어간다.

숲은 편백나무, 삼나무가 우거져 있어 제주 중산간 지역의 다양한 산림 구성을 보여 준다. 특히 하늘을 향해 쭉쭉 뻗어 곧게 올라간 편백나무 숲이 장관이다.

편백나무 숲길

편백나무 숲길

머체왓 숲길에 대한 안내글이 있다. 소룽콧길에 대한 전설이다.

먼 옛날 용 형제 두 마리가 이곳에 살았는데, 동생은 재잘재잘 떠드는 것을 좋아하고 형은 이를 들어 주는 것을 즐겼다. 어느 날 한라산 화산이 폭발했지만 형제는 이를 모른 채 신나게 떠들고 들어 주다가 용암에 덮여 그대로 돌이 됐고, 지금도 돌 안에서 살아 숨 쉬며 끝없는 이야기를 나눈다는 전설이다.

소룽콧길은 서중천 숲길과 갈라지는 다리에서 도로 건너 숲으로 들어간다. 소롱콧길은 일부 구간인 서중천 전망대까지 머체왓숲길과 겹친다. 계속해서 숲길을 걸어가다 보면 작은 규모의 흰색 집을 만난다. 넓은 초지를 만나고 다시 삼나무 숲길로 들어간다.

시(詩)를 적은 나무판도 만난다. 칼란지브란의 「사랑이 그대를 부르거든」라는 시(詩)이다.

> 사랑이 그대에게 속삭일 때는 그 말을 믿어라
> 비록 찬 바람이 정원을 황폐화시키듯이
> 사랑의 목소리가
> 그대의 꿈을 뒤흔들어 놓을지라도

머체왓 움막 쉼터를 지나고 '소롱콧 편백낭 치유의 숲'에 들어선다. 편백나무뿐아니라 삼나무, 소나무, 잡목 등이 우거져 있는 숲으로 그 지형지세가 마치 작은 용을 닮았다고 하여 붙여진 이름이다.

돌탑이 10여 개 쌓여 있다. 널찍하게 정리된 터를 보니 이곳이 정상 겸 반환점임을 알수 있다. 다시 시계 방향으로 삼나무 숲길을 내려간다. 물이 흐르지 않는 서중천 계곡을 만난다. 계곡이라기보다는 웅덩이에 약간의 물이 고여 있는 정도다. 이것을 서중천 습지라고 부른다.

소롱콧과 서중천 가장자리에 있는 커다란 연못 올리튼물도 보인다. 가뭄이 들어도 물이 풍부하다. 원앙새, 오리 등이 둥지를 틀어 물 위에

청춘, 제주 올레길을 걸어라

한가롭게 떠 있다고 해서 이런 이름을 얻었다. 흐르는 물인 하천과 분리돼 습지 형태를 이루며 각종 식물이 자생한다. 지금은 원앙새도 오리도 보이질 않는다. 전설 속의 얘기로만 들린다.

건천 계곡인 서중천을 따라가다 보면 봄에 장관을 연출하는 참꽃 군락지도 만나고, 기암괴석과 다양한 식물들을 만난다. 숲속 "한남리 머체왓 숲길" 리본을 따라 내려가다 보면 어느새 주차장에 도착한다.

머체왓 숲길은 잘 알려지지 않은 명품 숲길이다. 유명세는 없지만 은근하게 아름다운 숲이다. 사람과 숲의 조화로운 공존을 통해 이 아름다운 숲이 잘 보존되었으면 하는 바램이다.

머체왓 숲길이 끝날 무렵 조미하 시인의 「쉼표」라는 시가 있어 마음을 위안한다. (2021. 11. 3)

쉼표

무엇이 그리 바쁘던가
한 번쯤 쉬어 가면 어떠리
기계도 기름칠하고 쉬게 해 줘야
별 무리 없이 잘 돌아가지 않는가

너무 많은 걸 짊어지고

하나라도 내려놓으면
큰일날 듯 하지 말자
어차피 빈손으로 왔다가
빈손으로 가는 것을

한 번쯤 모두 내려놓고 쉬어 가자
잠시 찍어 보는
내 삶의 쉼표는 어떤가
브레이크 없는 내 삶이
너무 안쓰럽지 않은가

유네스코 보존 지역인 사려니 숲길

코스 및 소요 시간

1) 붉은오름 입구(남조로 1118번 도로)에서 출발

   비자림로 : 편도 10㎞ 2~3시간

   물찻오름 : 편도 7㎞ 2시간

   성판악 : 편도 8.6㎞ 2~3시간(행사 기간에만 걷기 가능)

2) 비자림로(1112번 도로) 사려니 숲길 입구에서 출발

   물찻오름 : 왕복 9.4㎞ 2시간

   남조로 : 편도 10㎞ 2~3시간

   성판악 : 편도 9㎞ 2~3시간(행사 기간에만 걷기 가능)

사려니 숲길은 제주의 숨은 비경 31곳 중 하나로 비자림로를 시작으로 물찻오름과 사려니 오름을 거쳐 남조로 출구까지 이어진 숲길이다. 전체 길이는 약 10㎞에 이른다. '사려니'란 말은 어원이 분명하지 않지만 '숲 안', '신성한 곳'을 의미하는 '솔(살)아니'란 말에서 유래한 것으로 전해진다. 한라산의 깊은 숲에서도 더 안쪽의 숲을 가리키는 것으로 '인간이 함부로 범하지 못하는 신성한 땅'이라는 의미다. 제주도에서 '사려니 숲길'이 '신성한 숲길'로 여겨지는 이유다.

'사려니 숲'은 유네스코가 2002년 지정한 제주 생물권 보전 지역(Biosphere Reserve)에 위치한다. '생물권 보전 지역'은 생물 다양성의 보전

과 지속 가능한 발전의 조화를 위한 프로그램이다. 제주 생물권 보전 지역은 한라산 국립 공원을 포함해 해발 200m 이상 지역, 그리고 영천과 효돈천 및 그 주변 500m 이내 지역, 서귀포 해양 공원과 효돈천 하류를 연결한 해역으로 전체 면적은 83,094ha에 이른다.

사려니 숲길의 식생은 78과 254종이 분포하고 있으며 졸참나무·서어나무·산딸나무·때죽나무·단풍나무·참꽃나무·쥐똥나무 등의 목본류와 천남성·꿩의밥·둥글레·박새·새우난·개족두리 등의 초본류, 그리고 석송·뱀톱·고비·가는홍지네고사리·나도히초미 등의 양치류가 서식하고 있다.

사려니 숲길에는 육식성 포유류인 오소리와 제주족제비가 서식하고, 천연기념물이자 환경부 지정 멸종 위기 야생 동식물인 매·팔색조·참매가 서식하고 있다. 큰오색딱다구리·박새·곤줄박이·삼광조 등 산림성 조류와 원앙·검은댕기해오라기 등 산림 습지 주변에 서식하는 조류를 관찰할 수 있다.

사려니 숲의 안과 밖을 가르는 것은 단 몇 걸음 차이다. 빼곡하게 우거진 삼나무들 사이로 걸어 들어가면 분위기는 확 달라진다. 푹신푹신한 흙길 위로 하늘을 향해 시원하게 뻗은 삼나무들이 시원한 그늘을 만든다. 하늘을 올려다보면 맑고 푸른 햇빛이 별처럼 쏟아진다. 바람이 불어올 때마다 그 빛은 아른하다. 마치 연극 무대 뒤 비밀스러운 공간의 커튼을 열고 그 안에 들어간 것 같은 기분이 든다.

사려니 숲길의 울창한 삼나무

완만한 경사로를 따라 걸을 수 있는 사려니 숲길은 어린이나 노인들도 쉽게 완주할 수 있어 많은 관광객이 찾는다. 매년 전문가와 함께하는 숲길 탐방 등에 참여할 수 있는 '사려니 숲 에코 힐링 체험' 행사가 열린다. (2021. 6. 8)

사려니 숲길 입구에서

청춘, 제주 올레길을 걸어라

사려니 숲길

사려니 삼나무 숲길 걸으면
소솔한 바람소리
봄의 노래가 들린다

작은 새들의 지저귐
산들바람에 속삭이는 나무들
봄의 기쁨을 노래한다

비발디의 사계 중 '봄'

봄 바람과 함께
초록 물결이 잔잔하게 일고

봄을 기다리는
나무들은
하늘로 귀를 모은다

올레길 완주를 끝내며

올레길을 완주했다고
멋진 시 한 줄 장식하는 것이
나의 꿈은 아니다
제주에 사는 것보다
올레길을
더 자주 걸을 수는 없었다

나는 나의 방식으로
서울에서 제주로
3박 4일 내려와
여러 번에 걸쳐
올레길을 걸었다
오름과 곶자왈
마을 돌담
해변 따라 이어진 길
때로는 섬 길마저
그 길을 묵묵히 걸었던
올레꾼이다

내 발걸음에는

열정의 땀방울

파도의 숨결

갈매기의 노래

올레의 역사가 담겨 있으며

올레길 곳곳에는

나의 행적

나의 숨결이 남겨져 있다

끝났다고 끝난 것이 아니라

이제 다시 시작이다

나뿐 아니라 누군가의 올레길은

계속 이어질 것이다.

완주를 끝내고 '올레길 명예의 전당'에 올리는 사진

청춘,
제주 올레길을 걸어라

ⓒ 이장화, 2022

초판 1쇄 발행 2022년 7월 10일

지은이   이장화
펴낸이   이기봉
편집   좋은땅 편집팀
펴낸곳   도서출판 좋은땅
주소   서울특별시 마포구 양화로12길 26 지월드빌딩 (서교동 395-7)
전화   02)374-8616~7
팩스   02)374-8614
이메일   gworldbook@naver.com
홈페이지 www.g-world.co.kr

ISBN   979-11-388-1111-8 (03910)